店铺精细化管理

余杰奇 黄东丹 ◎著

企业管理出版社

前言

零售变革时代,呼吁精细化管理

中国零售行业必须加强精细化管理,因为以理性发展和精细化管理为主导的全渠道零售营销时代已经到来。在这里我们要明白一个概念——什么是零售业全渠道营销?

零售业全渠道营销,就是指零售企业为了满足消费者在任何时候、任何地点、任何方式购买的需求,采取实体渠道、电子商务渠道和移动电子商务渠道整合的方式销售商品或服务,提供给顾客无差别的购买体验。全渠道营销是零售企业在线上和线下最大化争取客户、培养客户关系的整合营销体系。

移动互联网普及以来,电商浪潮推动着零售企业推行全渠道营销,这是时代趋势。除了时代趋势外,我们发现消费者的购物需求也在不断提高,消费者的购物期望已经不仅仅停留在能够买到想要的商品这一点上,他们更希望购物的过程是一个身心满足的体验,他们对购物的环境、购物过程的感受、休息娱乐感的期望不断提升。由此,我们不难理解,为什么现在越来越多的零售体验店、集合店越来越受消费者的欢迎。

综合以上的时代需求和顾客的需求,开展零售业的精细化管理是大势所趋。

就在很多人看不懂时代变革内幕的时候,有一部分的企业已经向着买手店、集合店的方向发展,更多注重体验的零售店已经崛起,当消费者的物质需求得到满足后,更多的精神需求跳到了消费需求的前列。买手店、集合店之所以能够迅速崛起和成长,是因为它具备了内在基因:以消费者为中心,消费者在满足了物质需求之后更加注重个人体验与精神需求。那么,门店精

店铺精细化管理

细化管理如何实施？严格说来，精细化管理的精髓其实并不是要把每件事都做得很细，因为这是不可能的。不考虑机会成本是我们绝大部分零售企业推行精细化管理不得其解的根源。门店精细化管理应该从何处着手呢？门店是零售企业通过商品销售实现利润的部分，因此，经营者要从店铺经营的源头去考虑店铺发展。显而易见，店铺发展的各核心要素是管理者关注的重点。

第一，店铺问题诊断。店铺诊断的目的就是随时找出店铺发展中存在的问题，以便制定解决方案，及时调整解决，因此，店铺诊断是店铺精细化管理的前提保障。

店铺诊断从店铺的人、店、货三个因素着手，通过一系列店铺诊断工具，获得阻碍店铺发展的科学结论，方可为店铺精细化发展做出决策。值得注意的是，在实施店铺诊断时，店铺的线上、线下营销互动是否到位。

第二，店铺服务精细化。伴随零售行业的发展、转变，零售店的经营者和从业人员也应该从"货品最重要"的观念中跳脱出来，转而对销售过程中的服务环节和内容予以更多的关注。因为这种"看不见的商品"已经开始在顾客的心目中占据更大的价值，只有满足顾客对于服务的需求，才能带给零售企业更多的附加价值。

销售过程中的服务是顾客对店铺形成好印象的最关键的因素之一，从开始接触顾客到成交，销售服务是由一个个细节决定的，顾客决定是否在店铺购买产品，是根据他在店铺整体的服务感觉来决定的。因此，店铺的每一个员工和服务顾客的每一个细节，都给予顾客一些印象，我们把这些点称为服务的印象时刻。服务的印象时刻也是门店服务精细化管理的核心切入点。要想找到服务的关键点，就要分析对顾客的销售服务流程，将销售服务流程的各个印象点标准化、流程化、细致化方可制胜。

第三，店铺销售数据细致化。零售业推进精细化管理的第三大难题是销售数据管理（关键销售数据，线上、线下销售数据统计等），虽然现在许多零售企业都已经在推行数据管理，而且看起来还做得挺不错，但是，若站在真正精细化的高度去审视，我们就会发现，他们做得还非常粗糙。他们对很多数据统计而不分析，关键销售指标表记不清。通过销售数据的分析管理，我们能够发现店铺的很多问题，比如：商品进、销、存是否合理，销售目标与销售执行是否合理，商品陈列是否合理，人员贡献是否一致等。因此，店铺关键数据对分析销售、销售人员、货品至关重要。

第四，人员的培训、奖金、激励。所有的事都需要人去做，因此，店铺的人员问题是各个零售企业面临的头号难题。尤其是现在招聘难、用人难的问题日益凸显。如果期望招聘到的员工至少能够达到业内的高水准，那么，就必须支付高额的工资。如果只能支付中等偏下的工资待遇，您也只好接受中等偏下能力的员工。后者尽管从绝对成本上来看或许是低成本，但是，员工的产出并不高，这就是典型的低成本、低产出，最后导致高运营成本。所以，从竞争角度和企业的生存发展方面而言，零售企业一味地追求绝对的低成本意义是不大的，只有相对的低成本才有真正的价值。所以，在人员要素上推进精细化管理的关键是对员工的内部培养，比如：通过培训提升员工的能力，同时辅以奖金以及不同形式的激励措施来激发员工的工作热情，让员工自动自发地工作。

零售业其实只要将服务、销售、大数据、人员这四大源头的精细化管理都做到位了，其他部分的精细化管理也就不是什么难题了。

目　录

前　言　零售变革时代，呼吁精细化管理

第一章　店铺精细化管理从店铺诊断开始

　　店铺要得到发展，首先不是立刻导入现代化的管理方法，而是先针对店铺存在的问题进行改正。正如人要是生病了就去看医生，通过医生望、闻、问、切的方法找到病因并对症下药，从根本上治病救人。那么，店铺也是一样，当店铺发展受到阻碍时，唯有通过诊断方能对症下药，店铺诊断是帮店铺识别方向、理清脉络、确定取舍。进行店铺诊断时，要特别注重时代特点，针对线上、线下的全渠道的营销进行整合。

店面诊断的步骤 …………………………………………… 003
从前台找原因：对人、店、货诊断 ……………………… 011
店面诊断工具及案例链接 ………………………………… 036

第二章　用心服务：店铺服务的精细化管理

　　门店中的服务由一个个细节决定，顾客是否在店铺购买商品，由她在店铺整体服务中的感觉来决定。因此，店铺服务的每一个细节都会给予顾客一些印象，我们称之为服务的印象时刻。服务的印象时刻也是门店服务精细化管理的核心切入点。

门店精细化服务概述 ·· 051
精细服务一：亲切招呼，塑造好的开始 ························· 053
精细服务二：关心顾客，赢得销售 ································ 059
精细服务三：介绍产品，用专业知识打动顾客 ················ 065
精细服务四：协助顾客体验，注重精细服务 ··················· 071
精细服务五：处理顾客异议，让顾客无顾虑 ··················· 074
精细服务六：美程服务，留下美好印象 ························· 081

第三章　与数字一起舞蹈——运用销售数字提升业绩

　　随着市场竞争的日益激烈，如何使终端销售工作做到精细化、可控化，成为困扰许多销售主管的重要课题。门店的精细化管理应该依据数据分析进行，避免凭经验、凭喜好的个人风格。

　　店铺中的数字会说话。我们应利用所搜集的数据资料，解读它隐含在管理上的含义，作为店铺货品配销、经营绩效、商品销售分析及规划等的参考依据。因此，店铺的销售管理是重视数字的管理，数字的反应都将揭露深藏在管理、市场上的信息，在当今瞬息万变的竞争市场中，掌握了资讯就掌握了市场，也就能成为最后的赢家。

店铺销售数据告诉我们什么 ·· 091
数据会说话：店铺核心关键指标分析 ···························· 096
其他关键数据分析 ·· 118
销售月报表管理 ··· 121
数字化陈列——让商品自动销售 ·································· 125

第四章　通过培训、奖励、激励创造店铺活力

人员问题是各个零售企业面临的头号难题。除了人员的技能，人员的心态以及激情也是管理的重点，因为只有店铺员工端正态度、充满激情，才能创造出更大的业绩。所以，在人员要素上推进精细化管理，关键就是人员的能力提升、态度端正、情绪激昂，通过培训、奖金设计以及不同的激励手段来激发员工的激情。

店铺育人——人才变人"财" …………………………………… 133
员工问题培训、辅导方法 …………………………………… 136
让员工自动自发，设计多种奖金形式 …………………………………… 141
灵活激励，多方面满足员工的需求 …………………………………… 150

第一章
店铺精细化管理从店铺诊断开始

店铺要得到发展，首先不是立刻导入现代化的管理方法，而是先针对店铺存在的问题进行改正。正如人要是生病了就去看医生，通过医生望、闻、问、切的方法找到病因并对症下药，从根本上治病救人。那么，店铺也是一样，当店铺发展受到阻碍时，唯有通过诊断方能对症下药，店铺诊断是帮店铺识别方向、理清脉络、确定取舍。进行店铺诊断时，要特别注重时代特点，针对线上、线下的全渠道的营销进行整合。

本章导读

店面诊断的步骤
从前台找原因：对人、店、货诊断
店面诊断工具及案例链接

店面诊断的步骤

店铺诊断三步骤

通过实地诊断，全面了解店铺情况，从而寻找提高销售业绩的方法，并根据诊断的问题制定行动计划，且将计划有效落实。我们把店铺诊断分为三个步骤，即诊断前、诊断中和诊断后，具体的内容如图1-1所示。

```
诊断前  →  诊断中  →  诊断后
```

诊断前	诊断中	诊断后
① 了解店铺的情况。 ② 回顾上次诊断的情况：哪些工作已经完成并落实；哪些工作正在处理中；哪些问题留待这次来解决。 ③ 制定诊断工作计划。 ④ 准备诊断所需用品。	诊断包括店铺内部和店铺外部的内容：根据营业额公式诊断店铺业绩；店铺诊断；货品诊断；人员诊断。	① 根据诊断结果制定店铺改善计划。 ② 根据改善计划进行现场辅导教练。 ③ 考评学习执行情况并进行总结。

图 1-1 店铺诊断的三个步骤

店铺诊断的角度可分为两种：业绩性诊断和常规性诊断。

业绩性诊断：根据店铺营业额公式所涉及的因素进行诊断。

常规性诊断：按照店铺管理三要素——人、店、货所涉及的内容逐一检查诊断。

以上两种方式一个是按照程序章法从头到尾正向诊断，一个则是根据业绩状况倒推，找出阻碍业绩提升的原因。无论从哪个角度出发，其目的都是找出影响业绩的关键因素，进而对店铺运营进行调整。

后台看数据：对店铺营业额的诊断

我们知道店面经营的核心目的是实现利润，那么，店铺的营业额就能够直观展现出店铺业绩的好坏。影响店面营业额的因素有很多，其中有六项指标很关键，分别是：客流量、进店率、成交率、客单价、连单率和回头率，这六项关键指标相辅相成，是整个店铺经营体系良性循环的保证。如何提高这六个关键指标的数值呢？这需要我们逐一分析影响这六个指标的因素。

营业额＝客流量 × 进店率 × 成交率 × 客单价 × 连单率 × 回头率

1. 客流量

客流量是指在一定时段内经过店前的目标消费者人数，即从店铺门前经过、符合品牌目标消费者要求的人数。客流量主要受店址、天气和大型活动的影响而变化。

您的店铺黄金时段有多少客流？这些客流里又有多少目标客户？这是业绩产生的基础，诊断时要做好统计。

2. 进店率

进店率受进店量与客流量影响。进店量是指进入店铺的消费者数量。我们经常会发现，同一条街上相邻两家店铺的进店率会不一样，这是为什么呢？

进店率主要受品牌影响力、促销和推广、店面形象、氛围、橱窗和流水台陈列的影响而变化。站在企业或单店的角度看进店数据有不同的意义，企业通常从品牌、促销、推广、店面形象的角度分析进店率；单店则从氛围布置、橱窗和流水台陈列来分析进店率。

进店率的计算公式如下：

$$进店率 = 进店量 / 客流量 \times 100\%$$

3. 成交率

成交率是指成交人数占来店人数的比例，此指标反映了目标顾客占进店人数的比例、导购人员的素质、团队协作、销售流程和技巧等问题。成交率计算公式如下：

$$成交率 = 购买产品的消费者数量 / 进店量 \times 100\%$$

4. 客单价

客单价是指成交消费者平均的消费额度。此指标反映的是顾客的消费能力。客单价计算公式如下：

$$客单价 = 营业额 / 销售小票数$$

这里应特别注意，当客单价不高时，一定要分析原因，是主推产品出了问题，还是货品搭配或是上市波段的问题，亦或是销售人员的推介技巧问题。如果是主观原因造成的，一定要找出原因并解决（这里指的是一段时间内，客单价突然下降的情况下，低价走量的量贩式店铺除外）。

5. 连单率

连单率是指消费者单笔购买两件或以上商品的人数占当期总成交顾客人数（客单数）的比例。连单率反映的是连单销售技巧、收银和休息区域产品陈列的问题。提高连单率是在进店量减少的情况下提升业绩的有效方法。连单率计算公式如下：

$$连单率 = 购买两件或以上商品的消费者人数 / 客单数 \times 100\%$$

比如当天有 100 个消费者买单，其中有 50 个成交商品件数在两件或两件以上的，则连单率为 50%。

6. 回头率

回头率主要是指顾客购买商品后再次进入店铺消费的人数的比例。为了方便统计数据，可以仅计算 VIP 顾客的回头率。回头率根据行业和品牌的不同，其目标值的设定也不同，从企业和店铺两个层面来看，跟会员维护、品牌营销和增值服务有关。

回头率是服务效果的最好证明，是业绩自然增长的保证，因此，店铺要做好服务，增加顾客美好的购物体验，以此提升顾客的回头率。

回头率的计算公式如下：

$$回头率 = 再次消费的会员数量 / 总 VIP 会员数量 \times 100\%$$

比如 A 店有 3000 个会员，当月有 200 个会员来店再次消费，则回头率为 6.7%。

除了以上六项影响营业额的重要指标外，还有深度接触率、转介绍率等因素也影响着店铺的效益。

我们来看一个案例中的数据，如图 1-2 所示。

本店人数	试穿人数	试穿率	成交人数	成交率
550	75	13.6%	33	6.0%

对比店人数	试穿人数	试穿率	成交人数	成交率
1800	223	12.4%	144	5%

图 1-2　影响营业额指标的因素

通过对营业额公式以及影响营业额的重要指标的采集、统计和分析，可以确切地了解个别指标对营业额的影响程度，从而有针对性地对影响营业额的指标加以优化。例如，如果店铺的进店率较低，则需要加强店铺形象管理，从而吸引顾客的注意，提升进店率；如果是深度接触率不够，则需加强人员的培训。

为了能够清晰明了地分析各指标对营业额的影响，我们来看图1-3所示的对营业额关键指标的影响因素。

六项关键因素	影响因素
客流量	商圈位置、店铺位置、店铺交通、停车是否方便。
进店率	品牌知名度、线上线下互动、店铺形象、橱窗陈列效果、店员迎宾热情、店铺外人流导向、店铺入口动线、店铺灯光效果。
成交率	顾客动线与停留：动线与店内的陈列设计和员工站位、肢体语言有关系。货品本身：产品本身是否有足够诱惑，员工的销售技巧、服务，货品的瑕疵，以及断码断货。
客单价	陈列搭配、店员销售技巧、产品异议处理技巧。
连单率	产品的陈列搭配、店员的销售技巧、产品异议处理技巧、深度接触。
回头率	VIP客户的管理、售后回访服务、顾客购物体验、环境、服务、尊重感、电商推广等。

图1-3 影响营业额的六项要素分析

不论是对营业额还是对营业额关键指标的分析都是为了找到改善店铺经营的方法，通过量化的方法能够更直接发现店铺问题，进而找到有效的解决办法。

问题改善

1. 提升客流量

店铺开张后，客流量变化分为可控和不可控两种因素。不可控的因素包含店址、天气和市场大环境；可控的因素是指品牌、大型的促销和推广。通常的检测方法是用秒表统计周末和非周末同一时段的过往客流，描绘出客流曲线图，确定客流的高峰和低谷期，找出客流变化的真实依据，从而在可控的范围内制订店铺运营策略。

客流量减少的解决方法，一般是围绕店铺周边进行推广和做广告来提升客流。如兴苑路的沃尔玛红谷店位于沃尔玛一楼入口处对面，整个商场人气较弱。该店通过在店门口安装大型的 LED 电子广告屏，不间断播放最新电影花絮；跟商场合作，在店对面的楼梯转弯处购置 3 台免费投篮机等方法来提升客流量，从而创造了整个商场店铺销售第一的佳绩。

2. 提升进店率

消费者逛街有两种行走路线，一种是随着目光走路，另一种是有目的的走路。

对于第一种，主要是对橱窗、流水台进行应季、应时的陈列和布置，对店面灯光和色彩搭配进行适应性调整。橱窗和流水台的陈列和布置分为两类，一类是根据不同季节，配合产品上市、下市计划进行大色块的主题布置和陈列；另一类是对当天的温度管理，根据当天的气温变化，调整橱窗和流水台（进门的第一个中岛）的产品陈列。如皮具专卖店在天冷或下雨时陈列咖啡色、深色或暖色的产品，热天时陈列淡雅、清爽色的产品。

第二种则是通过异业合作、增值服务等营销手段来吸引消费者主动进店。如前面所说的兴苑路的沃尔玛红谷店免费投篮机的案例，除是该店的 VIP 会员外，当天在沃尔玛购物的顾客凭小票进店领取三个投篮游戏币即可免费参加投篮游戏；同时，该店还提供了代缴水电煤气费、公交卡充值等增值服务，这些有效提高了店铺的进店量。

3. 提升试用率

不同的消费者有不同的性格、情绪和习惯，但无论是哪种类型，消费者进店后进行产品试用主要取决于两点：一是产品，二是导购的服务。所以，提升试用率的要点是根据消费者的特征合理陈列和规范员工的服务技巧。

消费者进店后的行走路线受店内空间、光源和色彩的影响。大多情况下，他们会先注意流水台，然后是向右行走，注意右侧的产品。流水台上陈列的产品价格和款式要适合当地大多数消费者的需求，如超市密集区陈列中低端价位的新款或畅销款，消费者不会因为价格高而猜测整店产品的价格都高，从而因不能支撑消费而直接离店；高档百货商场区陈列中高端价位的新款和概念款，消费者不会因为款式大众而离店。利用这些方法，就能将消费者留下来，延长其驻店时间。

同时，要规范员工的服务技巧，用引导性的流程和话术帮助顾客进行试用。如顾客站在皮带柜前，不要问有没有他喜欢的款（顾客有两种选择，一种是有，一种是没有，只有50%的概率做选择），要根据顾客的穿着，问他喜欢自动扣，还是针扣（如果顾客穿正装，推荐他自动扣、板扣；如果顾客穿牛仔，推荐他针扣或板扣），从而提高顾客的试用率。

4. 提升成交率

足球赛上90分钟最关键的是球员在队员的配合下将平常的训练水平结合临场发挥，判断对方可能的动作，随机而生的临门一脚。同样，店铺的成交率相当于球场的临门一脚，考验的也是团队协作和个人的专业能力。

团队协作和个人的专业能力属于店铺日常营业管理范畴，是关于员工的素质、应变能力、销售和服务技巧方面，在这里就不做说明了。提升成交率的方法主要是提高团队协作能力，提高员工的销售和服务技巧。

5. 提升连单率

当消费者选择完商品买单后，对店员、产品或品牌已建立了初步好感，在这种好感基础上我们需要为消费者提供更为搭配的产品，让其体验品牌独特的生活方式。

具体的做法：一是提高员工的附加销售和服务技巧，建立不同品类产品的附加销售话术，增加员工对不同产品跟顾客着装、场合之间的搭配知识，引导顾客对整体搭配的需求；二是在消费者买单的收银区和等候包装的休息区陈列配饰和小件商品，方便顾客搜索和导购附加销售；三是推销店内惠赠商品，给予消费者二次购物优惠；四是促使其加入会员，享受会员权益。

6. 提升回头率

一家店铺业绩的稳定和发展很大程度取决于会员的回头率，也就是通常所说的老顾客的多少决定一家店铺的业绩好坏，回头率的变化代表店铺对会员服务水平的高低。老顾客和会员对店铺的重要性不言而喻，因此，对会员的维护和营销必须要流程化和标准化。一是会员的售后回访。以皮具专卖店为例，在顾客购物后一周内进行电话回访，询问是否有品质问题，是否穿着舒适、感觉时尚，邀请经常回店护理和保养；在会员生日前天打电话或发短信给顾客，祝福其生日快乐，邀请其来店坐坐，并相送精美礼品；在会员失效当月主动电话联系顾客，询问顾客对产品的感受并邀请至店进行流程化的会员维护和服务。二是可以通过组织集中性的会员专项活动来刺激会员消费，让会员享受独特的专项权利。比如定期举行会员特卖周或特卖时段；邀请相关专家举行专题讲座，丰富会员生活；对每月会员再次购物赠送指定礼品等。对会员的维护和营销最重要的是增加会员享受企业提供的服务频率，提高会员的回头率。

数字是简单的，也是真实的，当今天的数据跟昨天的数据对比时，我们很容易从中找出问题所在，并制订出相应的解决方案。数字代表的是店铺真实的运营状况，只有建立在数据之上的解决方案才是实际并有意义的，哪个数字有问题就要着重解决与之对应的运营问题，只有这样，我们店铺的运营能力才能不断提高，才能保障销售业绩节节高升！

从前台找原因：对人、店、货诊断

综合图 1-3 所示内容，我们发现，在决定六项营业额关键指标的因素里面，有很多因素是重叠的，比如，导购的服务和销售技巧就决定着成交率和客单价，还决定着回头率和转介绍率，那么，我们把这些因素归类综合起来，可分为人的因素、店的因素、货的因素，即店面管理三要素：人、店、货。这三个要素囊括了店面管理的全部内容。三要素的内容如图 1-4 所示。

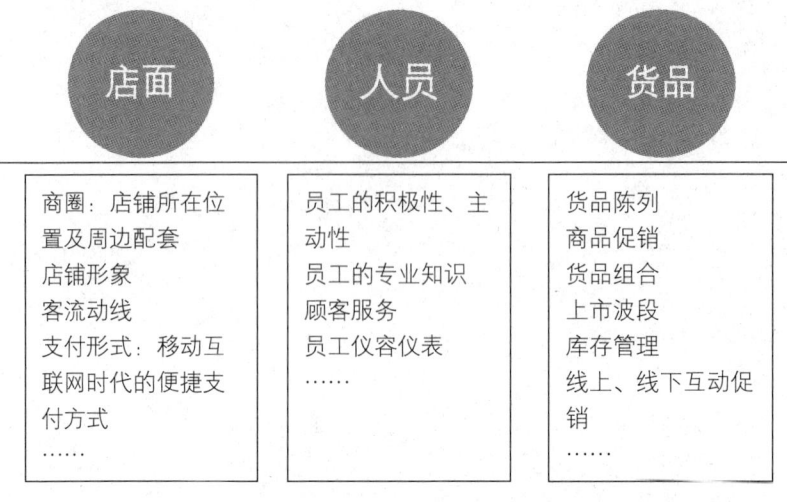

店面	人员	货品
商圈：店铺所在位置及周边配套 店铺形象 客流动线 支付形式：移动互联网时代的便捷支付方式 ……	员工的积极性、主动性 员工的专业知识 顾客服务 员工仪容仪表 ……	货品陈列 商品促销 货品组合 上市波段 库存管理 线上、线下互动促销 ……

图 1-4　店铺诊断的三方面元素

店面诊断

对店铺全面开展诊断是一个循序渐进的过程，一般按照从点到面、从外围到内部的顺序。在店面诊断的过程中，最重要的环节是店铺所处商圈、店面形象、内部的客流动线评估、店内细节等。店铺诊断容易出现的问题有以下几个：

（1）商圈偏僻，交通不便或是商圈不符合品牌定位。

（2）门头的色彩与形象不够统一，并且品牌定位不符。

（3）店招设计不够醒目。

（4）门头灯光暗淡，内部灯光过亮或过暗。

（5）射灯灯光没有照射在模特或者衣服上。

（6）橱窗设计凌乱，内部灰尘多，没有季节性，灯光灰暗。

（7）模特的摆放位置不够协调，层次感不够强，没有突出展示主题的系列组合效果。

（8）货场氛围凌乱，没有按照系列、色彩、功能进行分区，收银处的桌面比较乱，破坏品牌形象，欠缺终端店铺运营管理规范体系。

（9）试衣间的形象与店内不统一，内部凌乱、配置不到位。

（10）新品的 POP 展示不合理，不能起到新品展示的目的、品牌形象的广告效果。

（11）店内道具欠缺合理的规划，影响店内的形象展示。

（12）店内的收银支付方式陈旧，不符合移动互联网时代消费者的使用习惯。

（13）店内的音乐与品牌定位、风格不符合。

（14）店内有异味：饭菜味或是空气不新鲜。

商圈诊断

店铺开张有一段时间了，在很多方面也做了改进，但营业额就是上不去；你的店铺和别人的近在咫尺，但人流永远是还没到你店门前就拐弯了；门口人来人往，却没几个人进来消费，是项目选错了地方，还是选错了项目……这些看似是经营上的问题，其实却是选址不当造成的。

店铺的客流量、消费人群和消费结构一般情况下是由店铺所在的商圈决定的。商圈的规模决定了店铺潜在顾客的数量、购买力以及需求商品的档次，因此，商圈的选择应该与店铺的实力、经营特点相匹配，这样店铺才能够达到顾客的需求。对于店铺商圈的评估是店址选择的先决条件，也是制约店铺经营的关键内容。商圈的选择是否合理，是否符合店铺的自身经营方向决定了店铺的成败，决定了是否能够形成销售绩效，实现利润目标。

另外，商圈的环境也决定了店铺在经营过程中面临的竞争环境，竞争对手的数量、实力也是店铺经营过程中的影响因素，因此，选择健康的、良性的竞争环境对于店铺的经营会起到推动的作用。相反，如果商圈中存在恶意竞争者，对方通过不正当的手段经营，将会遏制店铺的正常经营。

诊断工具：商圈诊断的6要点

商圈的人口、职业、年龄层、消费习性、生活习惯、流动人口、设施、竞争店情况、未来发展性等因素决定着商圈的发展，因此，对店铺的商圈诊断也应该从这几点入手，如表1-1所示。

表1-1　店铺所处商圈的诊断要点

诊断内容	诊断要点	是否达标	如何解决
商圈人口数	商圈人口数是否有该店立足的目标个体数，商圈人口的年龄层在什么范围。		
商圈消费习性、生活习惯	消费者的消费习性及生活习惯是否满足该店目标市场销售量。		
流动人口量、入店率、客单价等因素	该店铺所处的地理位置，其流动人口有多少，客流的入店率为多少，客单价如何。		
商圈周边配套设施诊断	商圈周边是否有足够的补充人流（如商圈内的百货公司、学校、工厂、车站、公园、企业大楼等，对于招徕流动人口、增加商店来客数都有显著作用）。		
竞争店铺	商圈内竞争对手的个数，竞争对手的盈利状况，同一商圈内竞争店的产品线、价格线、经营方向、来客数、客单价等状况如何。		
未来发展	商圈未来的发展前景，需培育多长时间方能成熟。		

备注：根据对店铺的诊断情况，制定问题点的改进及教练方案。

外部形象诊断

店铺形象、品牌形象就像人的衣服，由门头、橱窗、灯光组成。它决定了顾客对于店铺的第一印象和认知，从而也就决定了客流的进店率。当店铺的形象能在竞争如林的环境中脱颖而出，吸引到顾客的注意力，那么，顾客进店选购商品的机会将会大幅度提高。

表1-2 店铺外部形象诊断

诊断内容	诊断要点	评估说明	如何解决
店铺门头、灯光	店面是否把行业的种类或形态表现得很出色。		
	店铺的规划是否适合购买对象及其购买习惯。		
	该店铺的名号是否被顾客注意到。		
	店铺进出情况是否设计得令人觉得很便利。		
	门头设计是否新颖,是否符合品牌、产品的定位。		
	要让人一听就知道营业的性质与产品档次。		
	向外伸出的招牌的大小及其位置是否良好。		
	门头的色彩与形象是否统一。		
	店招设计是否醒目。		
	门头灯光明亮还是暗淡,内部灯光是否过亮或过暗。		
	门店出入口的位置是否设计得恰当,提物或拉行李箱是否影响出入。		
	店招的设计是否注意到让它在夜间时也能照样醒目照人。		
	百叶窗、雨窗、门等是否能容易开关。		
橱窗	橱窗陈列主题是否应季。		
	橱窗空间展示是否立体、有层次、有主题、有故事。		
	橱窗内是否干净,灯光是否主次分明、有层次。		
	模特的摆放位置是否协调,层次感以及主题系列组合效果是否恰当。		

备注:根据对店铺的诊断情况,制定问题点的改进及教练方案。

1. 门头——诱目

消费者直观了解店铺的因素是店铺外部的门头。门头是店铺的脸面，是消费者对店铺的第一印象。所以，只有醒目的店面形象才会被大家所认识，可以说，店面形象关系到店铺的的命运将如何走向。店铺的门头包括店名、招牌。

店名。一个好的店铺名既要有创意、内涵，又要适合目标顾客的层次，适合其经营宗旨和情调，树立店铺美好的形象，增强对顾客的吸引力。

招牌。（1）招牌的安装必须做到新颖、醒目、简明、美观大方，夜晚应配以霓虹灯招牌，既要能引起顾客注意，又能使顾客或过往行人以较远或多个角度都能较清晰地看见。（2）招牌风格要直接反映商店的经营内容。如果能够制作成与经营内容一致的形象或图形，那么，更能增强招牌的直接感召力。（3）字体的选择。不能用歪歪扭扭的字体，不能出现错别字，更不能用生拼硬造出来的文字。

2. 店外灯光——锦上添花

在门头形象这个版块，灯光起到主角作用。灯光应该打在哪里，什么时候开什么灯，对这些问题零售店都应该有清晰的规划。

记得之前在零售培训课程中，有一个让零售老板一直纠结的问题：店铺打烊后招牌灯要不要开？问这个问题是考虑到电费问题吗？一晚上一个招牌灯能耗多少电？可是，试想当所有的门店都打烊关灯后，唯独你的店铺还在亮着招牌，那么，行人是不是能记住你？因此，这是绝好的广告机会。

3. 橱窗——店铺的脸面

橱窗是店铺的脸面，起到诱目的作用。因此，很多店铺为了招揽顾客，都会在店铺外立面设置橱窗，可起提升店铺形象、吸引客流的作用。

凡事都有对立面，关键看效果。那么，怎样才能做好橱窗规划，得到好的效果呢？

第一，要设定橱窗的主题（即你想告诉顾客什么）。

第二，针对主题选定好服饰和道具（通过什么展示）。

第三，做好橱窗陈列中的每一个细节（细节决定成败）。

第四，调整好模特站位（结合主题，思考模特怎么站位好）。

第五，调整好灯光（灯光要有层次，避免灯光太亮或太暗）。

第六，确定橱窗空间展示是否立体、有层次、有主题、有故事，可以引人入胜。

店铺外部形象诊断见表 1-2。

店铺内部诊断

店铺形象要内外兼修，店铺外部形象要协调一致；店铺的内部形象要统一。

1. 店内形象

店铺的形象是品牌之窗，店外形象将顾客吸引进店后，店内形象更能给顾客深刻的感受，因为店内是顾客购物活动的场所，重视终端店面形象的管理有助于提高品牌的知名度，引起消费者对产品的尝试，从而最终形成消费者对产品的忠诚度。完美的店铺内部形象展示能给店铺带来以下好处：

（1）品牌风格完美展示，增加品牌的价值。

（2）提升产品的档次。

（3）消费者购物有好的感受，从而促进业绩的增长。

（4）扩大市场占有率。

要想树立良好的店铺形象，除了店铺外部协调统一外，内部规划也要协调。因此，就要从源头规划店铺内部的形象要素，赢在细节才能留住顾客。

软件环境与硬件环境的设计规划

店铺的陈列不仅指商品的摆放，店铺的整体感觉由店铺的硬件和软件两部分组成。硬件包括：店铺的形象、组合、照明，主要通过空间造型、货架的组合、空间的布局、顾客的通道设计等内容来体现美感及实用性。软件包括：商品形象及搭配、服务员的形象及跑位，主要通过商品的组合、色彩、橱窗、服务人员的仪容和仪态来表现，因此，只是注重了货品的摆放仍然起不到吸引顾客的效果。店铺的软件与硬件的内容如图 1-5 所示。

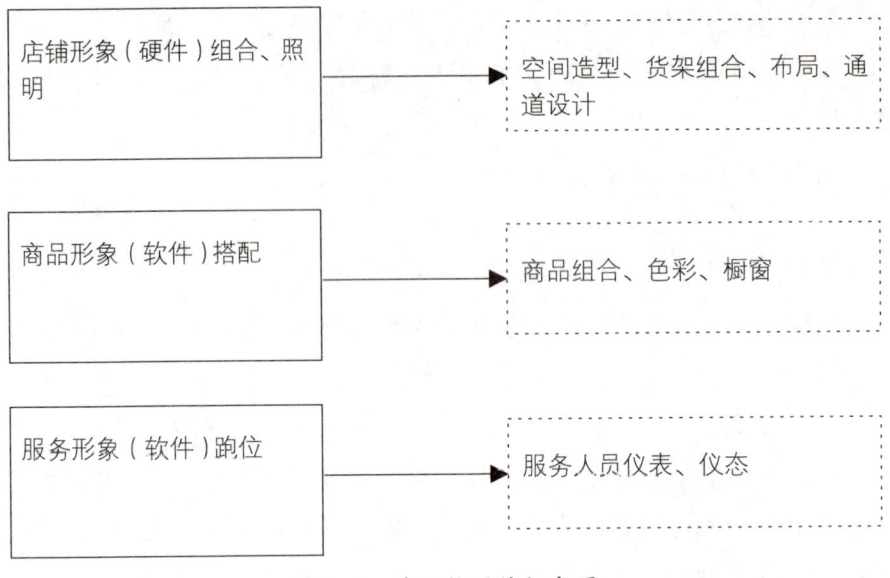

```
┌─────────────────────────┐          ┌─────────────────────────────┐
│ 店铺形象（硬件）组合、照 │ ──────→ │ 空间造型、货架组合、布局、通 │
│ 明                       │          │ 道设计                       │
└─────────────────────────┘          └─────────────────────────────┘

┌─────────────────────────┐          ┌─────────────────────────────┐
│ 商品形象（软件）搭配     │ ──────→ │ 商品组合、色彩、橱窗         │
└─────────────────────────┘          └─────────────────────────────┘

┌─────────────────────────┐          ┌─────────────────────────────┐
│ 服务形象（软件）跑位     │ ──────→ │ 服务人员仪表、仪态           │
└─────────────────────────┘          └─────────────────────────────┘
```

图 1-5　店铺软硬件组成图

导购是店铺的组成部分，导购不好的礼仪、形象也会影响顾客购物的感觉。

店铺的三大陈列空间

店铺在空间划分上可分为三大空间，即货品空间、店员空间、顾客空间。店铺的陈列设计主要是货品空间与店员空间的设计，前两者设计好了，顾客空间自然就表现出来，前两者也是为它而服务。三大空间的构成与特征：

货品空间：固定、人为、客观、设计。

店员空间：流动、训练、目的、影响。

顾客空间：流动、随意、主观、被动。

在货品空间上，卖场根据所售商品的特色可以将内部空间分成主卖场、陈列场地（家具）、柱子、墙壁、展板等多种陈列空间。若按照商品的类别进行划分，卖场的整体色彩会显得很混乱。例如服装卖场，夹克衫就和夹克衫放在一起，裤子和裤子放在一起。因此，应该按照有情景的陈列方式（按照企划将外套和内衣、下装、饰品等放在一处的架子上陈列）装饰卖场。特别是卖女性服饰的地方更应该积极地加入一些感性因素。

店铺内部的形象规划见表 1-3 所示。

2. 店内细节

店铺形象的软性因素直接左右着顾客的情绪，属于锦上添花的工作，因此不能忽视。顾客期望得到的是一个自然、温馨、舒适的购物环境，因此，经营者应该结合品牌定位及消费群体，塑造好的购物环境和顾客体验。店铺如果对细节处理不到位，则会有损店铺形象。店铺的细节包括很多方面，例如店铺内的灯光、音乐、气味、温度、卫生、洗手间、候客区等，这些细节能够加深顾客对店铺的视觉感受，从而激发顾客的参观兴趣。店内细节经营的详细信息见表 1-4 所示。

店铺精细化管理

表1-3 店铺内部的形象规划要素

内部形象因素	作用	设计原则
装修	装修是体现品牌风格的重要因素。	装修风格要与品牌定位统一，例如，是现代风格还是传统风格，是淑女风格还是运动风格等。
陈列（道具、模特、灯光、POP）	陈列是合理规划产品搭配的一种手段，能让产品有秩序地展示，并最大限度实现销售。	①在做陈列时先规划区域，再规划系列，例如休闲区、正装区、饰品区、沙滩系列、假日系列等； ②陈列模特的摆放要根据重点陈列来规划，摆放注意节奏感，而不能将整个卖场平均分散； ③注意POP的设置要醒目，能够起到传达产品信息或是打折促销信息的作用； ④店内的灯光设置好，一般在进店的重点陈列位置、模特陈列位置、店内灯箱位置采用重点照明，而其他部位采用普通照明。
卖场布局	布局合理才能留住更多的顾客。	卖场的布局其实就是卖场顾客动线的规划，合理的动线规划才能让顾客最大限度地转到店铺的每一个角落。
试衣间	试衣间是店铺的第二张脸，直接影响到顾客的感受。	①试衣间要干净、整洁，不能有垃圾桶，备用鞋要干净、色彩温馨，温度适中，不能有冰冷感觉； ②试衣间告示牌保持干净，内容必须与当时活动相符； ③试衣凳放置在试衣间右内角处，试衣鞋放置试衣间门口处（左侧），鞋头向前，保持干净，摆放整齐； ④当试衣间无顾客，皮帘应保持同一侧（右侧）悬挂状态； ⑤时刻保持试衣间清洁、无异味。
店内灯光	合理的强灯光在服装卖场中起着重要的作用，卖场内灯光的亮与暗要根据每个品牌的不同风格及定位来设计。在设计灯光时，首先要考虑卖场整体的协调性。	①整体照明，也称普通照明，主要是提供空间照明，照亮整个空间，通常以天花板上的灯具为主； ②产品照明，指陈列柜、货架上摆放的产品进行加强照明，让其更好体现出产品的面料、做工、质地、色彩等； ③重点照明，针对店内的某个重要物品或空间的照明，如橱窗、海报、模特、水晶饰品的照明等。

表1-4 影响店铺形象的其他因素

要素	店铺形象细则
音乐	与店铺风格相符,什么时段放什么音乐,节庆假日放什么音乐,这也是需要大家思考的问题,杜绝一天到晚循环播放几首曲子,音乐应该分时段,有主题,有吸引力。不要放一些街头歌谣、另类音乐。
气味	店铺的空气应给人一种清新感觉,店员应外出用餐,以免产生异味。在店铺的各个角落放一些空气清新剂。
温度	卖场应有空调,特别是严冬和炎夏,保持卖场的合理温度。
卫生、清洁度	包括橱窗、地面、吸顶、陈列货架、玻璃柜、服饰、配件的清洁,要求做到没有一丝灰尘和指印,在玻璃柜和货柜上不能堆放任何杂物和各种衬衫、鞋子的纸盒,保持清爽、整洁。
员工形象	员工的仪容仪表要大方得体。
更衣室	要求有椅子、拖鞋、挂钩、垫子,保持清洁、宽畅、无异味,在更衣室不能堆放杂物和其他物品。
顾客等候区	要求有沙发、茶几、茶水、糖果、报刊、烟灰缸(干净、无烟头)。
洗手间	气味清新,地面干燥,有手纸。

3. 支付方式

门店外有"内有WiFi"、"银联支付"、"支持VISA"等字眼已经成为店铺常态。随着移动互联网的发展,智能手机的广泛运用,微信支付、支付宝支付等这些互联网时代的支付方式也是门店所需要的。

由于支付方式的改变,现在很多消费者,尤其是年轻的消费者外出逛街、购物时手机不离手。消费者喜欢的支付方式从刷卡转变为微信支付和支付宝支付。网络上有篇文章《微信支付颠覆的是整个电商模式》里面说道:"地球人已经阻止不了微信消费。"说的就是消费者的行为习惯已经跟进时代的发展。因此,店面的支付方式如不做改变,还用老套的现金、刷卡支付的话,你将丢失很大的市场份额。

4. 客流线路

如果你发现有很多的顾客进到店铺后,没走几步就转出了店铺,或是店铺有些区域的业绩状况一直低迷,如果排除是陈列上的问题,那么,一定是店内的客流动线设计出了问题。顾客被成功吸引到店铺,能够形成买卖关系还有一个决定性环节，那就是顾客选购商品的路线。如何让顾客在店铺内长时间停留是促成顾客购买的重要前提。

什么是客流线路？即顾客进到店铺后，如何让顾客按照我们设定的路线行进。合理的客流动线设计可以使客流到达店铺的每一个角落，提高店铺的容量和成交率。

当然，线路制定出来后，还需要店铺销售人员引导顾客按照事先设定好的最佳路线选购商品。

很多情况下，店铺没有进行过客流动线研究，也就不知道客流动线对买卖关系的影响。设想一下，如果顾客进到店铺后，按照自己的习惯或是商品偏好进行挑选，很有可能因为参观几个地方之后没有找到自己心仪的商品就离开了。其实店铺中还有很多角落顾客并没有去，这样就失去再次形成销售的机会。因此，如何使顾客按照最优路线参观是店铺需要考虑的重要问题。很多顾客到店铺的行为都是随意的，进入店铺之后的挑选也没有很强目的性。如果这个时候能有导购去引导他的消费行为，这样就大大增加了成功销售商品的机率。顾客能够按照最佳路线全面了解店铺的商品，导购的介绍还能在顾客没有购买目标的情况下引导顾客的消费。

诊断工具：店铺内部形象诊工具表

店铺内部形象诊断工具见表1-5所示。

表1-5 店铺内部形象诊工具

诊断内容	诊断要点	评估说明	如何解决
店内形象诊断	内部装修是否与品牌风格统一。		
	内部陈列主题是否鲜明。		
	重点陈列的货品是不是订货量最大的货品。		
	重点照明是否合理用在重点陈列的位置。		
	货品陈列区域是否按照功能进行划分。		
	卖场的布局是否有顾客到达不了的死角。		
	卖场货品陈列是否拥挤或过于稀疏。		
	模特是否干净无缺损。		
	POP是否与当季货品相符。		
	POP促销内容是否简洁、突出、有吸引力。		
	试衣间是否干净整洁。		
	试衣间是否备有干净的备用鞋及坐凳。		
	试衣间门的开关是否完好。		
	客流动线是否有顾客不能到达的地方。		
	道具是否符合季节和服装的风格。		
	道具是否干净、完好。		
店内细节诊断	店铺内温度是否适宜，是否有过冷或过热现象。		
	店铺内是否有异味：饭菜味、刺鼻的香水味或其他难闻的味道。		
	店铺内通风系统是否完好。		
	店铺内音乐的音量是否适中。		
	店铺内乐曲的选择是否符合品牌定位。		
	店铺内乐曲是否循环播放。		
	喊口号时同事的回应声。		

人员的诊断

如果店铺的外观设计、橱窗、灯光、模特等是硬件形象设施，那么，点缀在店铺间人的形象就是店铺的软件形象。可以说，店铺最大的招牌应该是店铺员工的工作形象和工作态度。积极热情的工作态度势必会增加顾客对店铺的认可和钟意程度。良好的员工形象能够提升店铺的档次，顾客对店铺销售的产品的质量也就更加认可，因此，才能拉动销售业绩的上升。

员工形象对于店铺的经营的重要性是显而易见的，常见的店铺人员问题有：

（1）开门迎宾时员工很严肃的表情，给客人一种压力，影响客人进店。

（2）员工无视顾客，在现场大声喧哗、聊天、嬉戏打闹。

（3）卖场内照镜子、吃东西、嚼口香糖等。

（4）服务态度冷淡，无表情。

（5）员工着装不整齐，懒散、拖沓。

（6）销售服务过于随意，欠缺标准化。

（7）产品知识欠缺，商品介绍不清晰。

员工的积极性、主动性

店员的积极性和主动性决定了店铺的服务态度、服务意识等。当店员有了工作积极性和能动性之后，就会把店铺的利益当做自己的利益，才会有集体意识，才能够对自己的工作感兴趣，通过自己的努力，提高自己的工作业绩。

店员有了积极性之后，才会主动、自发地做好工作，付出更多的努力，店员的销售业绩提升了，店员的收益也会增多，薪酬的增加又会激发店员更大的积极性。店员的积极性也代表他对于店铺的认可程度，认可程度越高，才能够越积极地开拓店铺的市场，实现自己和店铺双赢的目标。

实时对店员的积极性进行考核，对于店铺形象的维护起到了至关重要的作用。店员的形象直接影响到店铺的形象，进而决定了顾客对店铺的印象。店员的散漫形象可能会阻碍顾客进入店铺的脚步。国际上知名的大品牌公司对于员工的素质和形象要求都非常严格，我们很少能看到品牌专卖店中的店员态度恶劣、行为懒散，可见，店员形象对店铺形象的影响。

要有相应的专业知识

店铺店员是否具备所售商品的相关知识很重要。如果店员能够在顾客挑选商品，特别是举棋不定的时候加入专业性的介绍，就会增加顾客对商品质量的信赖，对店铺的认可。相反的，如果店员对于商品的性能等一知半解，可想而知，客户对商品会有什么反应，更严重的后果是不仅这次的销售无法实现，以后这个顾客可能都不会再光顾这家店铺，更有甚者，他会告诉身边人这家店铺不好，不要去光顾。因此，店铺应该针对商品的专业知识对员工进行岗前培训，当店员能够给出专业解说的时候，无形中也就增加了顾客的信任程度。店员具备过硬的专业素质之后还能够引导顾客的消费方向，使其按照自己的推荐进行挑选。

店员业务能力强也提升了店铺的档次。拥有自己专业的销售团队，为前来光顾的顾客提供专业性的建议，会带给顾客什么感受呢？毋庸置疑，无形中会提升了店铺的档次，因此，无论是商品的质量或价格都会得到顾客的首肯。顾客有时候不能判断要买哪一款商品，这就需要我们进行专业的解说，成功销售也就是水到渠成的事了。

对店员的管理很大程度上可以约束店员的行为，建立良好的店铺形象。为了更好地引导员工，使其行为符合店铺经营需要，应该对员工的发展进行规划，这样给员工一种被尊重、被重视的感觉，进而也就能够带动员工的积极性。

诊断工具：人员诊断工具表

人员诊断要点见表 1-6 所示。

表 1-6　人员诊断要点

诊断内容	诊断要点	评估说明	如何解决
店员形象	导购是否衣着整洁统一、化淡妆。		
	导购服务顾客时，是否全程保持愉悦心情、以微笑待客。		
	导购是否谈吐文雅、音量适中。		
	导购是否动作利落、步伐敏捷。		
导购的迎宾	导购员是否扎堆聊天、嬉笑打闹、整理个人妆容、使用手机、吃喝东西、聚集在试衣间或仓库等处休息，导致货场没有导购可以招待顾客。		
	当顾客走进店铺时，导购有没有在30秒内向顾客打招呼。		
	当顾客走进店里，导购有没有微笑、眼神交流、口头欢迎、点头示意。		
	导购是否佩戴姓名胸卡，并主动告诉顾客他（她）的名字或工号。		
产品介绍	导购的商品知识掌握是否熟练。		
	导购是否主动向顾客介绍货场区域及产品的陈列位置（例如，告诉顾客"这个区域是男装、女装"，或者"这些是最新款"等）。		
	导购是否能逐步挖掘出顾客真正的需求，让顾客感觉到细心及良好的沟通力。		
	导购是否认真倾听顾客需求。		
	与顾客交流过程中导购是否有眼神交流、微笑、点头等。		
	导购的产品介绍是否重点强调了产品对顾客的好处。		
	当顾客决定购买后，导购是否有附加推销的行为。		

第一章 店铺精细化管理从店铺诊断开始

续表 1-6

诊断内容	诊断要点	评估说明	如何解决
服装销售部分	导购有没有主动建议顾客试穿。		
	导购有没有鼓励顾客多试穿几款衣物。		
	导购是否对顾客所穿衣服的大致号码掌握清晰。		
	导购是否有做试穿前的准备工作（导购以标准的指引手势带顾客到试身间，解开衫钮或拉开拉链和挂起衣服，主动为顾客或提醒顾客拉上试衣间的帘子或关上门）。		
	当顾客穿衣上身后，导购是否给予专业建议及配搭，并真诚赞美，再次进行推荐。		
服务细节	在顾客与导购接触的过程中，如果有其他顾客或导购介入，该导购是否和顾客道歉或打招呼后离开，很快就回来或让其他导购来接待顾客。		
异议处理	导购是否针对顾客的异议（产品、价格、售后服务的各种异议）给出了合理解答。		
	当顾客犹豫不定时，导购是否给顾客提出建议，鼓励其当天购买。		
收银服务	在收银过程中，导购是否与顾客确认产品（尺码、件数等）、告知洗护常识和退换货。		
美程服务	当顾客拒绝购买任何产品时，导购有没有尝试了解顾客不想购买的原因，尝试向顾客推荐其他款式的产品，尝试运用产品的特点打消顾客的顾虑。		
	当顾客最终未购物离开卖场时，导购是否仍然保持积极的态度。		
	当顾客离开店的时候导购是否向顾客道别。		
店长能力	会议是否按时开展。		
	工作流程是否执行到位，如有问题，出现在哪个环节。		
	工作重点（销售目标的制定和分析）是否清晰。		
	与店员、上级、公司内部的沟通是否到位。		
	店铺内的信息收集是否到位（每日销售信息、竞争对手信息、顾客满意度回馈、同事的建议和想法）。		
	文件管理是否有序。		

备注：根据对店铺的诊断情况，制定问题点的改进及教练方案。

货品的诊断

货品管理是门店管理的一大重头项，因此，门店管理者要以市场需求为依据，做好门店的商品计划。

什么是商品计划？商品计划是门店的经营管理者知道在什么时候该进什么样的货品及数量。制定商品计划要从分析顾客的需求入手，对商品组合、定价方法、促销活动，以及资金使用、库存商品和其他经营性指标做出全面的分析和计划。店铺经营管理者千万不要小看这方面的事，如果处理不妥当，会出现货物积压、资金周转不灵的情况，给店铺带来损失。

订货要有依据——确定合理的订货量

订货管理是货品诊断的源头，我们从图1-6所示的商品管理流程图可以看出商品计划是做好后期货品管理的前提。如何做好商品计划？店铺上一年度的商品数据（包括订货额、销售数量、库存销货率、售罄率等）对下一年度店铺货品采购的数量、品类构成有很大的参考作用。一般情况下，店铺最好以上三年时间的进货数量、销售数量、进货金额、销售金额作为下一年度该品类进货多少的参考数值，这样的数值比较有参考价值和说服力。

商品计划 → 商品订购 → 导入卖场陈列 → 商品销售 → 商品库存管理 → 商品信息反馈 → 商品计划

图1-6　店铺内商品管理流程图

80/20，组合好产品结构

我们都知道80/20定律的概念，那么，将此定律对应零售店铺，即店铺80%的业绩由20%的商品品类贡献。因此，确定好商品的结构很重要。

1. 形象产品

形象产品在卖场里所占的比例很小，主要用来陈列在橱窗或是显要位置，起引起顾客注意从而吸引顾客进店的作用。形象产品并不是销售额产生的主体，形象产品以流行元素为主要销售卖点，销售时间短，推广密集，销售目标定位于高端客户群。通常形象产品的销量比例较低，但毛利很高（通常是行业平均值的 3.5 ~ 5 倍）。

2. 主力产品

主力产品也称拳头商品，即那些周转率高、销售量大，在零售经营中，无论是数量还是销售额均占主要部分的商品。一个企业的主力商品体现了它的经营方针、特点和性质。可以说，主力商品的经营效果决定着店铺经营的成败。

零售店如何选择好自己的主力产品呢？这就需要店铺经营者注意到下面两点。

第一，从前来购买的消费者群体出发，锁定主要的消费群体，并且熟悉他们的兴趣、爱好。

第二，分析以往的销售成绩，找出销售量较多并且稳定的商品。

80% 的利润来自于 20% 的产品，而这 20% 的产品就是店铺的主力产品，因此，店铺经营者在经营的过程中，一定要将主要精力放在这些能带来巨大利润的产品上。

3. 辅助产品

辅助产品是对主力产品起辅助作用的商品，或以增加商品宽度为目的的商品。即便是再好看的红花，也需要绿叶的陪衬。店铺经营者既要注重主力产品，也不可忽略辅助产品，因为辅助产品难以给店铺带来可观的经济效益，但是，它同样是店铺经济利润的一个主要来源。

在店铺经营过程中，店铺经营者在商品分类和组合时，不仅要关注主力产品，同样也要关注辅助产品，当产品的构成比例达到平衡时才能使得店铺的产品结构完整，从而能满足客户的多方面需要，促进店铺产品的销售，提升店铺的销售业绩。

做好商品陈列

做好陈列规划，将形象产品陈列在橱窗里，主力产品陈列在顾客易到达的位置。在陈列商品时容易犯的错误是：货品陈列追求唯美，却不以销售为目的；亦或是摆放千篇一律，搭配不和谐。

1. 做好店铺货品陈列的作用

（1）销售商品。通过陈列的各种商品吸引顾客选择商品。

（2）刺激顾客的购买欲。陈列形状、包装、颜色令顾客眼前一亮，从而购买商品。

（3）店铺生活情报的展现。店铺陈列以最快的方式告诉顾客最新信息及生活情报。

（4）提高商品的周转率。陈列的重要作用之一是提高商品的周转率，增加商品的销售速度，增加顾客选购机会。

（5）提升货品形象。好的陈列装饰会给予顾客易看、易找、易取、易选的购物方式，并且通过陈列物品的烘托，提升了商品的形象与品质。

（6）提升公司形象。好的货品陈列是显示品牌形象、推动货品销售的第一捷径。

2. 店铺商品陈列要以销售为目的

店铺货品陈列必须要紧密结合数据化分析才能有效实现。唯美的陈列往往会偏离实际的库存商品构成，偏离主力产品，不仅不能对销售产生促进作用，还可能会使消费者产生被"忽悠"的错误理解，令消费者产生厌恶感。如果能够通过数据分析就可以对现有的商品重点、款式重点、颜色重点等作出理性的判断，在实际操作的时候就可以有目的地突出主题以及店铺内商品的层次感。

3. 商品陈列的诊断要点

货物陈列方式、位置是否有特色，能够吸引顾客注意力是提高客流量的关键因素。对于货品的诊断可以从货品陈列的风格与店铺形象是否搭配以及货品摆放的依据入手，深入分析。商品陈列的基本原则应该是易看易拿，因此，在进行货物摆放设计时应该遵循这个原则，这样有利于顾客的挑选，进而促成销售的机会也会增加。

进行商品摆放时还要注意商品与商品之间以及商品与店铺的色彩、风格的搭配，给顾客留下整体形象统一的感受。商品间色彩摆放不搭配很可能带给顾客一种反感的心态，影响商品的展示效果，无法激发顾客的购买欲望。

何为"滞销商品"

不管什么商品，都希望尽早完成市场交换，否则，过多的商品就会成为负担，大量的积压使得店铺资金周转困难。同样，作为畅销商品，更是应该做到如此，不趁此时好卖赶紧卖，还等什么呢？市场瞬息万变，下一刻就不知道这种商品是否还仍处在畅销的行列了，一旦滞销，那可就欲哭无泪了。做好商品规划是保证商品正常运转的重要前提。

很多管理者往往将"滞销品"理解成：在终端的销售过程中，相比较其他产品，销售数量比较少的商品。那么，如何提前诊断滞销品，充分利用销售期，减少库存积压带来的损失？

1. 将销售额与总部商品企划对比，分析出滞销商品

商品在制造出来上市前，总部都会有一个完整的商品计划，规定了每件商品的生产数量、销售周期以及销售额度，当产品上市后，根据该商品前期的销售数据对比总部的商品企业找出该商品的销售进度是否合理。

举例说明：产品A，计划销售12万件，5月份上市，7月底下架；产品B，计划销售6万件，5月份上市，10月底下架。假设销售计划为每个月销售相同的数量。到了6月底，统计下来，产品A的销售数量为6万件，产品B的销售数量为3万件，那么，到底产品A是滞销，还是产品B是滞销？

产品A的销售生命是3个月，根据每个月销售数量一样的假设，每个月应该销售4万件，也就是到了6月底，跟上销售计划的销售数量应该是8万件，现在仅销售6万件，显然是滞后销售进度了。也就是说，根据这样的速度销售下去，到了下架时，产品A会留下大量库存。再来看产品B的情况，产品B的销售生命是6个月，根据每个月销售数量一样的假设，应该是每个月销售1万件，也就是到了6月底，应该达到的销售数量是两万件，而实际销售了3万件。也就是说，产品B的实际销量已经超出了销售计划，到了最后，产品 B 会出现不够卖的情况。

根据分析可得知，产品 A 将会有滞销的可能，而产品 B 将会脱销，在这样的分析下，我们应该及时采取措施，降低产品 A 的销售毛利来加快清理库存，以免造成滞销，积压资金。

2. 根据商品周转率找出滞销商品

商品周转率是指商品从入库到售出所经过的时间和效率。衡量商品周转水平的最主要指标是周转率和周转天数。如果零售企业能够对每一款货品的周转时间进行分析的话，就能更加准确地区分"滞销品"。

比如：经过核算，零售企业 70% 或 80% 的核心商品的平均周转时间为 6 周，暂且设定一个滞销的系数为 1.5，也就是说，如果某产品的售罄时间需要花费 9 周的时间，则这款产品可以定义为"滞销品"，反之则为"畅销品"或"平销品"。在对终端店铺的货品进行每周或每月的销售分析的时候，建议企业将库存周转次数也一并作为分析的对象。

3. 活动力度

零售企业的活动力度也作为分析滞销商品的参考因素之一，与毛利率、销售额等进行交叉分析，比如核算毛利贡献率。毛利贡献率是指某款产品所带来的毛利占比与销售占比的分析，毛利贡献率越高，表示产品的价值越高，应该得到零售终端的重视。

分析问题都要从源头开始，才能从根上解决。产生滞销商品的原因有如下六个：

（1）商品企划的失误。企划的市场需求量与实际的市场需求量存在较大误差，也就是对流行趋势的把握出现偏差。

（2）无计划性地过度订货或生产，同时没有进行商品长期分析，应建立标准的销售分析工作流程。

（3）价格设定的失误。价格高于顾客预期或高于同质商品的同行价格，针对此问题，可进行"二次定价"的方式。

（4）无视店铺客群，过剩分配商品，没有按城市级别、商圈级别、店铺等级进行货品比例分配。

（5）投放市场的时间错误，导致商品与市场需求不对位。

（6）对畅销品的过度追单，忽略了商品的生命周，盈利的同时会造成大量库存。

诊断要点：

（1）依据销售数据，判断商品计划的可行性，如有偏差及时纠正或补救。

（2）对形象产品、主力产品、辅助产品，检查其上市波段的合理性、陈列位置的合理性、促销计划的合理性，将主力产品的订货额加大，陈列位置应醒目，并做好主力产品与辅助产品的连带销售。

诊断工具：货品诊断工具表

货品诊断的要点见表1-7所示。

表1-7　货品诊断要点

诊断内容	诊断要点	评估说明	如何解决
商品计划	零售终端是否有完整的商品销售计划。		
	根据销售数据，商品销售计划是否有阶段性地调整。		
	是否有形象产品、主推产品、辅助产品的划分。		
商品陈列	商品陈列是否有序，主推商品是否突出，信息是否明确。		
	陈列手法是否到位，例如使用平衡、对称、三角结构、重复等方法陈列。		
商品陈列	商品陈列是否以销售数据为依据，进行位置调换，将库存量大的商品加大力度推广。		
	店铺灯光在陈列中是否合理运用。		
商品畅滞销	是否在做畅销商品与滞销商品的分析。		
	是否有关于滞销款的处理方案。		
	畅销款的补货量与周期是否合理。		
商品促销	促销是否进行利润核算。		
	促销信息是否突出、吸引消费者。		
库存	库存量是否为安全库存。		

店铺诊断问题的呈现方式——鱼骨图分析法

使用店铺诊断鱼骨图分析法（见图1-7）可以清晰、直观地展现店铺各个部分的问题。

图1-7所示的是当店铺销售额较低时，针对卖场问题、客户问题、商品问题、店铺外部问题、工作方法问题、工作人员问题——分析找出原因。

第一章 店铺精细化管理从店铺诊断开始

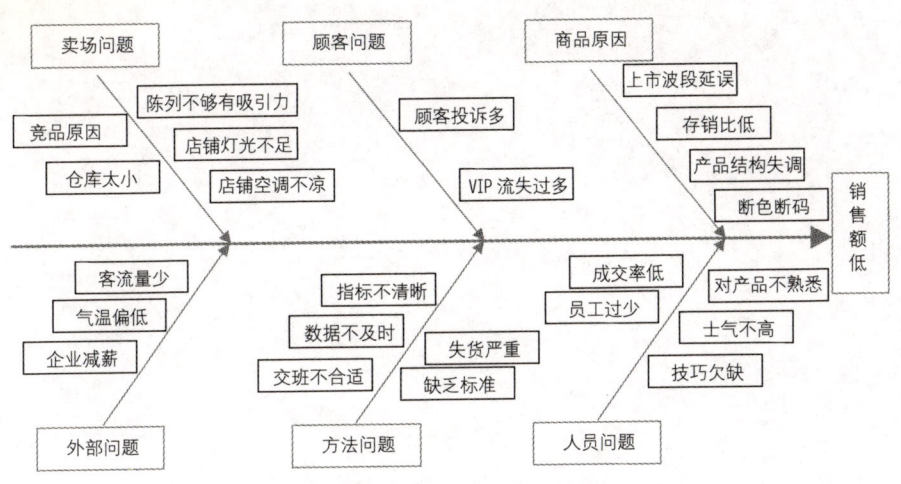

图 1-7 店铺诊断鱼骨图分析法

店面诊断工具及案例链接

门店的精细化管理在于当店面诊断出问题后针对问题逐一找出原因，针对原因制定出解决方案，并制定教练辅导计划，根据辅导再进行后期检测，看问题是否解决。整个流程见工具链接所示的案例。

工具链接 1：店铺全面诊断表

店面全面诊断见表 1-8 所示。

表 1-8　店铺全面诊断表

店铺：_____　　日期：_____

一、卫生 ①外观 LOGO 的清洁。 ②店铺卫生（收银台、陈列板、货架、边角、地板）。 ③仓库卫生（整洁有序）。 ④商品清洁（对有污垢的商品及时清洗）。	☐ ☐ ☐ ☐ ☐ ☐ ☐ ☐ ☐ ☐ ☐ ☐ ☐ ☐ ☐ ☐ ☐ ☐ ☐ ☐
二、区位 ①人员定岗定位。 ②补位。 ③站姿。	☐ ☐ ☐ ☐ ☐ ☐ ☐ ☐ ☐ ☐ ☐ ☐ ☐ ☐ ☐
店长的工作	
一、会议 ①会议前的准备。 ②会议过程（内容设计、演绎技巧）。 ③会议后跟进。	☐ ☐ ☐ ☐ ☐ ☐ ☐ ☐ ☐ ☐ ☐ ☐ ☐ ☐ ☐
二、工作流程 ①时段跟进。 ②现场推动。 ③人员安排。	☐ ☐ ☐ ☐ ☐ ☐ ☐ ☐ ☐ ☐ ☐ ☐ ☐ ☐ ☐
三、重视生意 ①营造氛围。 ②目标的制定与分析。 ③货品调拨。	☐ ☐ ☐ ☐ ☐ ☐ ☐ ☐ ☐ ☐ ☐ ☐ ☐ ☐ ☐
四、沟通 ①与导购的沟通（鼓励式、教育式回应）。 ②与上级的沟通。 ③与公司内部的沟通。	☐ ☐ ☐ ☐ ☐ ☐ ☐ ☐ ☐ ☐ ☐ ☐ ☐ ☐ ☐
五、信息 ①周边竞品信息的收集。 ②店铺货品各类型信息的收集。 ③顾客的满意度回馈信息。 ④同事的想法或建议的收集。 ⑤文件管理。 ⑥VIP 管理。 ⑦员工天地管理。	☐ ☐

备注：根据对店铺的诊断情况，制定问题点的改进及教练方案。

案例链接：店铺诊断、改进辅导方案

我们以某服装品牌终端店铺的运营与销售诊断为案例，此案例按照诊断中发现的问题、出现问题的原因、如何解决、如何训练辅导、辅导效果跟踪及问题是否解决这几个版块展开，如表1-9、表1-10所示。

第一章 店铺精细化管理从店铺诊断开始

表1-9 案例一：店铺终端运营诊断、改进辅导方案

模块内容	体系诊断问题	问题的原因	如何解决	如何训练辅导	辅导效果跟踪	问题是否彻底解决
店务管理	库房门未关（拍照）。	帮客人取衣服。	立即请员工去关门，同时提醒员工每次取货时一定注意随手关门，以免影响店面形象。	应在没有客人的时候向大家先说明此情况，告之以后避免再次发生，并说明此种情况影响店面视觉形象，并记录在店铺诊断本上。	考核员工是否掌控店务系统管理运营。	已解决。
店铺形象	橱窗陈列为新品，但季末的POP折扣还在。	店铺员工忽略了。	立即请同事去更换为新品POP，同时教授员工橱窗陈列形象的构成。	更换橱窗陈列的同时要检查陈列道具的更换情况，并再次到门口外观看陈列的整体效果、陈列道具是否到位，并告之每一位员工严格执行，并记录在交接班本上。	考核员工是否掌控模块运营系统。	已解决。
视觉陈列	中岛架陈列与相邻的模特色系风格不统一。	模特穿的为新品，中岛架上的商品为季末货品。	教授店长当新品上场时如果模特穿新品陈列，相应的货架陈列也一定是新品，马上调整，统一为新品陈列。	新品模特陈列时要注意与货架陈列货品风格相统一，要达到整体陈列视觉效果的完美传达，并告之每一位员工注意的问题，并做记录。	考核员工是否掌控模块运营系统。	已解决。
货品管理	收银台上面有客人试穿后的衣服未收仓。	先去忙其他事情。	请同事马上整理，为维护店面整体形象、卖场整齐，给客人良好舒适的购物环境，客人试穿后的衣服第一时间收到仓内。	应在没有客人的情况下立即给员工开会，告之员工应对客人试穿后的衣服立即整理，保持货场的整洁及形象的维护。	考核员工是否掌控模块运营系统。	已解决。
顾客服务	没有向客人做附加推销。	比较被动，不够主动。	请同事协助马上给客人拿其他款的货品，促成销售成功，或在没有客人的时候亲自演绎，做货品附加推销。	应在没有客人的情况下请员工之间做销售模拟演练，一个人演客人，一个人演员工，加强主动性，做附加推销，提高销售的成功率。	随时跟进此员工的主动性。	已解决。

表 1-10　案例一：终端店铺销售管理体系诊断、改进辅导方案

模块内容	体系诊断问题	问题的原因	如何解决	如何训练辅导	辅导效果跟踪	问题是否彻底解决
销售公式	没有统计今天的试穿人数。	员工忘记了。	马上请员工补写在记录单上，并在开晨会或夕会时请员工剖析问题的原因。	应在当天的目标设定以后，随时跟进自己的目标进度及试衣人数的目标差距。员工应时刻清楚自己的目标。	随时跟进每一位员工的目标达成进度。	已解决。
销售目标	周六的目标设定与平时一样。	按七天平均除到每一天算。	立即请店长调整目标的设定，比设定的目标增长两倍，并教授店长周末与平时的客流统计分析，根据统计分析来设定销售目标。	周末或节假日的客流比平时多，所以，目标设定要比平时设定的目标多1.5~2倍，同时货品也相应补到位。	跟进员工的目标设定是否合理。	已解决。
销售舞台	帮客人取货的速度太慢。	前后台没有配合好。	立即请其他同事协助帮忙取货，并及时安排好前台与后台的配合；并教店长在接待顾客之前的人员销售服务安排。	在接待顾客之前事先应安排好销售舞台服务模式的配合，成功完成销售目标。	询问员工是否清楚销售舞台的准备。	已解决。
销售团队	店里缺少领班的设置。	店长没有设置领班。	在第一时间内从现有的团队里面挑选两位合适的员工晋升为领班，如没有合适的人选，尽快培养或开展招聘计划。	如没有合适的人选应马上做领班的辅导计划或招聘计划。	跟进领班的空缺是否到位。	已解决。
销售培训	员工对当季货品的流行元素不清楚。	没有做新品的培训指导。	第一时间请其他同事协助做销售服务，为顾客提供专业化服务，并在没有客人后给员工做现场培训指导；开展店内员工培训计划。	新品到店后请企划部将培训指导手册下发到店内并开展培训计划。	定期考核员工对货品知识是否清楚并理解。	已解决。

续表 1-10

模块内容	体系诊断问题	问题的原因	如何解决	如何训练辅导	辅导效果跟踪	问题是否彻底解决
销售激励	员工成功销售一大单，店长没有及时给予激励。	店长意识差。	店长给予鼓励或表扬，并与其他同事一起分享，以达到对个人和团队的销售激励。	当员工成功销售一单时，无论多与少，要及时给予表扬或鼓励，以便激励员工的信心，成功做好每一单销售。	询问员工成功销售后是否得到表扬，店长是否学会激励系统。	已解决。
销售步骤	今天一位员工没有主动招呼顾客。	在忙于整理货品。	马上暗示该员工前去招呼顾客，在没有顾客的时候告之员工注意避免此类问题再次发生。	应在开例会时安排好员工的销售步骤，招呼顾客第一，销售为先。	考核员工是否掌控服务系统运营管理。	已解决。
销售技巧	今天在销售中员工没有及时应答顾客的问题。	不知道该怎么讲。	马上演绎如何回答顾客的问题，在顾客走后分析刚才发生问题的原因并记录，在开会时教授所有员工对顾客的应答技巧。	每天开例会时把前一天客户存在的问题共同分享或解决，以便积累经验，方便以后回答类似客户的问题。	检查员工例会的内容记录。	已解决。
销售分析	对昨天的销售货品不清楚。	没有看昨天的销售报表。	请员工马上去看昨天的销售报表，并说出销售货品的明细，教练者在开会时再次声明随时关注销售分析及货品分析。	应在每天早晨开例会时总结昨天的销售分析，并对今天做目标的设定。	考核员工是否掌控销售分析系统管理。	已解决。
销售模拟	在没有顾客的情况下，员工情绪很低落。	着急销售。	现场展开销售模拟演练，教授员工演练内容，参与人员，演练的时间，并做分析点评演练的效果。	在没有顾客的情况下，做销售模拟演练，一个人演顾客，一个人演员工，在规定时间内确定模拟内容，教练者做点评。	考核员工是否掌控销售模拟系统运营管理。	已解决。

续表 1-10

模块内容	体系诊断问题	问题的原因	如何解决	如何训练辅导	辅导效果跟踪	问题是否彻底解决
什么时候开始招呼客人	顾客进店后员工才主动打招呼。	员工在等待顾客进店。	在没有顾客的情况下，教授其他同事应注意观察顾客的动向，应主动把顾客请进来，按销售步骤及销售舞台体系进行事先安排。	在顾客进店前，观察顾客的注意点是否集中在橱窗前，或当顾客往店内观望时，应马上邀请顾客进店内来看，并与顾客保持沟通，做好销售。	观察员工是否掌控销售步骤系统运营管理。	已解决。
怎样赞美客人	顾客试穿后没有及时赞美顾客。	不知道该怎么赞美。	请其他同事前去赞美顾客，做好销售，教授员工推销时一定学会赞美顾客，这是销售成功的第一步。	语言的表达：直接表达、间接表达；当顾客穿上好看时，不要说挺好的或好看，可用其他形容词直接形容穿着效果。	跟进员工是否学会赞美顾客。	已解决。
商品组合	顾客试穿一套后没有搭配外套。	缺少系列组合搭配。	马上请其他同事去拿外套给顾客试穿，并教授该员工加强连单销售。	应给员工做好商品的系列组合搭配，中心款或非中心款的组合。	考核员工是否掌控商品组合的系统运营管理。	
商品构成	卖场的货品类别结构比例失调。	货架的类别比例没有计划好。	马上与公司有关部门一起调整卖场的商品结构计划。	应在上货前做好类别需求结构的比例分配（根据同期销售数据分析或气候调整好）。	考核员工是否掌控商品构成的系统运营管理。	
商品计划	节日期间橱窗没有做好陈列调整。	没有及时了解市场需求。	立即现场分析，现场调整，根据节日销售分析来调整陈列结构。	节日期间根据每天的信息反馈进行橱窗更换，并备好补货计划。	是否掌控节日橱窗陈列调整的系统运营管理。	
商品编码	员工不明白编码代号是什么。	没有培训指导。	现场做商品编码的培训指导。	当有新员工到店后，第一时间培训其有关商品知识及商品管理的相关知识。	考核员工是否掌控商品编码构成的系统管理。	

续表 1-10

模块内容	体系诊断问题	问题的原因	如何解决	如何训练辅导	辅导效果跟踪	问题是否彻底解决
商品的五适原则	员工不知道店里应需求什么风格的货品。	没有了解顾客的需求。	马上请员工做好顾客需求的反馈信息记录。	让每一位员工做好每一位顾客的不同需求的信息记录,以便跟进并及时调整货品所需。	考核员工是否掌控商品五适原则的系统运营管理。	

工具链接2：终端店铺陈列管理体系诊断案例（见表1-11）

表1-11　工具链接2：终端店铺陈列管理体系诊断案例

模块内容	诊断发现的问题	问题的原因	如何解决	如何训练解决	训练解决的效果跟踪	问题是否彻底解决
什么是陈列	员工不知道陈列的概念。	没有做过陈列。	1.现场讲解：品牌商品是如何通过店面、橱窗陈列来传达、展示品牌形象的，并请员工做记录。 2.将商品进行系列组合，实现卖场形象的统一规范，实现销售这一终极目标。	在做完每一次陈列后要给所有员工做培训指导，为什么做陈列和陈列时应注意的问题，并做记录。	再次考核员工是否掌控陈列的概念。	已解决。
陈列体系怎样构成	员工不知道店铺陈列是怎样构成的。	没有做过培训。	现场指导环境空间规划、商品、陈列道具，并请员工做记录。	在做完每一次陈列后要给所有员工做培训指导，教授员工店铺陈列的构成是什么，并做记录。	考核员工是否掌控陈列构成的系统运营管理。	已解决。
店铺空间陈列怎样规划	员工不知道对店铺陈列空间怎样做重点规划。	没有做过培训。	现场给予以培训指导，并请员工做记录：VP是指卖场中最显眼的位置及橱窗的位置；PP是指正挂、侧挂中的重点展示，突出展示的技巧IP是指卖场中按类别码放的货架，以吸引顾客来挑选。	在做陈列规划时要给员工做培训指导，教其如何重点展示，并做记录。	考核确认员工是否掌控陈列规划的重点。	已解决。
陈列的原则是什么	员工不明白怎样规划色系陈列。	没有做过培训。	现场给予培训指导，并请员工做记录：按色系陈列，按风格类别陈列，按区域划分陈列，按活动原则陈列。	在做陈列时要给员工培训陈列的原则是什么，并做记录。	再次考核员工是否掌控陈列原则的系统运营管理。	已解决。
橱窗陈列怎么构成	员工不知道橱窗应该怎样陈列组合。	没有做过指导。	现场给予培训指导，并请员工做记录：商品、道具、模特、灯光、POP。	在做橱窗陈列时要给员工培训橱窗陈列的整体构成，并做记录。	再次考核员工是否掌控橱窗陈列的构成。	已解决。

第一章 店铺精细化管理从店铺诊断开始

续表 1–11

模块内容	诊断发现的问题	问题的原因	如何解决	如何训练解决	训练解决的效果跟踪	问题是否彻底解决
衣架挂勾方向	卖场挂通的衣架挂勾方向很乱。	没有做日常操练检查。	马上检查所有衣架的挂勾方向,并记录整理时间。	员工每天早晨营业后的第一件事情应先做卖场的整理,跟进日常操作,并记录检查内容和结果及时间。	考核员工是否掌控卖场衣架挂勾的方向运营管理。	已解决。
卖场的陈列规范	卖场的叠件不整齐。	新员工不知道标准叠法。	现场给予指导并培训,并请员工做记录:挂通挂件的间距要统一,每个款挂两件,尺码为36或是38,全部熨烫整齐,价格齐全,吊牌全部隐藏到衣服里面,挂通的第一件和最后一件分别面向顾客,成套搭配挂放。	新员工到店后应培训其卖场的陈列规范标准,并跟进操作情况且给予点评。	考核员工是否掌控卖场陈列规范的运营系统管理。	已解决。
流水台陈列	流水台的陈列系列感不强。	员工不知怎样做。	给予指导培训流水台的陈列规范,并请员工做记录:色彩不能超过3个,要生活化陈列,有半模、叠件、饰品包、鞋腰带等,要有铺开的上装展示和下身展示。同时,要有相应的POP。	做完流水台陈列后教员工陈列的细节及整体效果并跟维护。	考核员工是否掌控流水台的运营系统管理。	已解决。
叠件的标准	员工不知道怎样叠带图案的衣服。	员工没过指导。	马上给予现场培训指导,并请员工做记录:要用白色的A4纸统一折叠,每摞有3件,大小要统一,厚度要统一,宽度数2厘米,高度3.5厘米(冬季高度为6厘米,每叠两件),花色或带字的要叠出图案来。	在检查日常操作发现问题时及时给予所有员工指导方案,以便不出现重复的问题。	考核员工是否掌控叠件的运营系统管理。	已解决。
层板陈列	员工不知道层板除叠件外还应放什么。	员工没有做过。	现场马上给予培训指导,并请员工做记录:可以放饰品、POP、叠装。	应在陈列层板叠件时告之员工还可以放饰品或POP道具等。	考核员工是否掌控层板的运营系统管理。	已解决。

045

续表1-11

模块内容	诊断发现的问题	问题的原因	如何解决	如何训练解决	训练解决的效果跟踪	问题是否彻底解决
店铺的灯光技巧	员工不知道灯光角度。	员工没有调整过灯光。	现场给予员工做卖场灯光照明位置的指导培训,并请员工做记录:照射的角度为顶光、底光、顺光、侧光;假设店内的光度为1度,展示柜、装饰柜为2～4倍,橱窗陈列的照明度为2～3倍,陈列柜子0.5～2倍,橱窗照明度为两倍。	在调整完卖场的灯光后教员工灯光的照射角度位置及维护知识。	考核员工是否掌控灯光照明的运营系统管理。	已解决。
模特的标准	模特陈列的衣服尺码不合适。	模特的尺寸与货品的尺码不协条。	建议陈列部调整模特的标准,并跟进落实到位时间: 1.高度。女装模特无头171厘米,有头184厘米。尺寸肩宽41厘米,胸围84厘米,腰围63厘米,臀围90厘米。 2.高度。男装模特无头171厘米,有头186厘米,尺寸肩宽52厘米,胸围98厘米,腰围82厘米,臀围98厘米。 3.无头模特尺寸肩宽49厘米,胸围98厘米,腰围82厘米,臀围99厘米。	当模特陈列尺码不合适时,请立即通知陈列部将模特调整更换,以免影响陈列及品牌形象。	考核员工是否掌控模特的标准的系统管理。	已解决。
衣架的标准	衣架挂的衣服经常掉。	衣架的尺寸不合适。	现场调整衣服的尺码或更换衣架并跟进落实到位时间: 1.女装长度35～38厘米,肩宽3～4.5厘米,挂勾高度8.5厘米。 2.男装度架长度40～45厘米,肩宽4～6.8厘米,挂勾10厘米。	当衣架不合适时,应立即通知陈列部更换衣架并调整尺寸,以免造成衣服变形或影响品牌的形象。	考核员工是否掌控衣架的标准的系统管理。	已解决。

第一章 店铺精细化管理从店铺诊断开始

续表 1–11

模块内容	诊断发现的问题	问题的原因	如何解决	如何训练解决	训练解决的效果跟踪	问题是否彻底解决
货场挂通的标准	货场挂通太高。	挂通的高度尺寸不合适。	现场调整挂通的高度或建议公司调整并跟进落实到位时间： 1.女装货架：上装、下装的高度为 160～170 厘米，货架的高度为 120～140 厘米。流水台的高度为 50～70 厘米；160 厘米以上为展示 POP 区域或叠件。 2.男装货架：上装、下装的高度为 160～185 厘米，货架的高度为 120～140 厘米，流水台的高度为 50～70 厘米，70 厘米以下为存货区，70～180 厘米为展示陈列区，180 厘米以上为 POP 展示区。	当挂通高度不合适时，应立即通知陈列部调整，以免影响顾客选购。	考核员工是否掌控货架挂架的标准的系统管理。	已解决。

第二章
用心服务：店铺服务的精细化管理

门店中的服务由一个个细节决定，顾客是否在店铺购买商品，由她在店铺整体服务中的感觉来决定。因此，店铺服务的每一个细节都会给予顾客一些印象，我们称之为服务的印象时刻。服务的印象时刻也是门店服务精细化管理的核心切入点。

本章导读

门店精细化服务概述
精细服务一：亲切招呼，塑造好的开始
精细服务二：关心顾客，赢得销售
精细服务三：介绍产品，用专业知识打动顾客
精细服务四：协助顾客体验，注重精细服务
精细服务五：处理顾客异议，让顾客无顾虑
精细服务六：美程服务，留下美好印象

门店精细化服务概述

在整个店铺服务过程中，除了标准的服务流程和服务语言外，服务人员的精气神、态度决定了整个服务的顾客感受。

本人作为消费者就经历过很多这样的购物场景。到某店铺购物，服务人员的表情不冷不热，带着不欢迎、不拒绝的态度机械地跟在你的身后，作为消费者，我有一种被绑架的感觉，气氛无比压抑，无心看产品，总觉得有一双诡异的眼睛在盯着你，这种情况下只想赶紧逃离。

刚才说的是消费者进店就想逃离店铺的例子，那么，还有很多的消费者在试用阶段就被服务人员"赶出来了"。这种情况下，前面的所有工作就白做了。比如，当顾客讲价说"便宜点吧，便宜50元钱我就买了"，很多服务人员给顾客这样的回复"便宜不了，要不您再转转，没有合适的您再回来"。遇到这样的场景，你觉得顾客会回来吗？这是硬生生把顾客赶出店铺，马上就要成交的单子就这样丢了，太可惜了。

相信很多的消费者都不止一次遇到过这样的情景，所以，在分开来讲店铺服务顾客的细节前，我们特别强调在销售服务的关键过程中服务人员的态度与精气神，这点非常重要，好的精气神能给顾客好的购物感受，从而促成销售。

要想找到门店精细化服务的关键点，我们先来看店铺中的销售服务流程。店铺的销售服务流程一般由六个关键部分组成，第一关键点：亲切招呼；第二关键点：关心顾客；第三关键点：产品知识介绍；第四关键点：协助顾客试用；第五关键点：回应异议；第六关键点：美程服务，如图2-1所示。要在服务中进行精细化管理，首先要做好这六部分的接待服务工作。

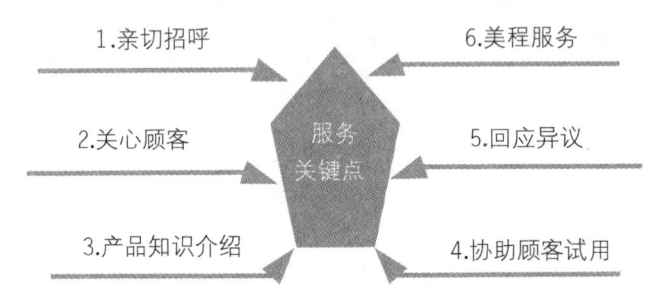

图2-1 销售服务的6个关键点

门店的销售服务与顾客的实际购买行为相伴随，是促进商品成交的核心环节，因此，每一个步骤都需要有明确的标准才能够做到千店如一店的服务效应。

精细服务一：亲切招呼，塑造好的开始

亲切的招呼是与顾客建立美好印象的第一步，创造亲切热情的开始是为了让顾客对店铺及品牌留下第一次见面时的美好印象，从而拉近与顾客之间的距离，为后面的销售作良好的铺垫。反之，面无表情、爱搭不理的服务态度只能让顾客有"立刻离开"的感觉。

打招呼阶段的印象塑造可通过待机、迎宾、店内招呼三个部分来实现。

1. 待机要微笑，避免刻板、机械

待机是指顾客还没有进店之前的等待行动，在待机阶段，导购的注意力应时刻集中在货品上，一旦有客人上门，就可以立即进入角色。

这个时候导购要坚守自己的岗位，全身放松，自然、不呆板，面带微笑，时时以顾客为重，要引起顾客的注意。

2. 迎宾要真诚，避免虚夸

迎宾时的态度：迎宾时导购人员在态度上要真诚，要发自内心地欢迎顾客，而不是刻板、机械化地向顾客喊"欢迎光临"。

迎宾礼仪：在迎接顾客的礼仪上要得体，站立时两手自然下垂，或交叉放于腹前，脚跟合拢，脚尖呈 V 字形 45° 张开，全身重心放于脚跟附近，不倚靠货柜。微笑、点头、眼望向客人表示诚恳、友善。目光自然，抬头，两眼平视，用友善的目光与顾客接触，眼光停留在对方的眉眼部位。邀请顾客时使用标准的邀请手势，语调亲切、自然，当顾客要进入店内时主动为顾客让路，让其通过。

迎宾时的语言：迎宾阶段，当顾客一进门，导购只需自然地打个招呼就可以了，如果过分热情地迎上去，往往会让顾客讨厌，有些怕麻烦的顾客干脆就说"我只是看看而已"，然后离开了。因此，操之过急并不是明智的做法。当顾客心里想着"这个东西不错"、"不知道合不合适"时，可以说是不错的接近时机。

迎宾结束，准备销售时，导购一定要先问候顾客、观察顾客，然后再接近顾客；保持友好的目光接触和良好的姿态，站姿要直；表现出工作忙碌的场景，营造产品热卖的氛围。

3. 店内打招呼的切入点

在店内跟顾客打招呼的切入点可分为三种：主动以货品推广为招呼开始；以帮助顾客开始；以与老顾客打招呼开始。

（1）主动以货品推广为招呼

①以产品促销为打招呼点：说出品牌名称与促销活动两部分内容，比如："欢迎光临××品牌"、"您好，新品上市，欢迎品鉴"等。

②"我们有些新到的风衣是今年冬季最流行的款式，十分保暖，您可以慢慢看看，喜欢的可以试穿。"

③"姐，你好！这是正在打折的产品，现在买很合算，能省两百多元。"

（2）以帮助顾客开始

以帮助顾客为打招呼的切入点时，首先要清楚招呼的对象是需要帮助的对象，然后主动自我介绍，并让顾客感觉你随时能提供优质的服务。导购要主动帮助顾客，创造打招呼的机会。以下这些顾客是需要帮助的：

①带小孩需要帮助的顾客。

②下雨天或者是下雪天到店的顾客。

③身体不舒服的顾客和老年顾客。

④拿重物或其他需要帮助的顾客。

⑤过来问路或是询问其他问题的顾客。

导购在跟以上顾客打招呼时的常用语句如下：

①"您好，欢迎光临，小朋友真可爱，是不是渴了呢？感觉很累，来，到休息区喝点水吧。"

②"您好，欢迎光临，小姐您带了这么多包，选择商品一定不方便，您可以将您的大件物品放到收银处代保管，我带您去办理。"

③"您好，欢迎光临。哎呀，小姐，您是不是手受伤了，店里正好有创可贴，来给您贴一贴。"

④"您好，欢迎光临，感谢您冒雨（冒雪）来到本店，有什么需要帮助的吗？"

（3）与老顾客打招呼

跟老顾客打招呼要不同于前两种方式，要表现出久违的高兴和适当的关切，让老顾客感觉自己接受到更加优厚的待遇是关键，因为每个人都希望自己是最受关注的那个人，不能急于介绍商品，当切入产品介绍时以新上市的产品推荐为主。例如："刘太太您来了，快请进，听说您儿子高考成功了，真不错，恭喜恭喜，天大的喜事。"这种对她孩子的关心和夸奖会再次拉近导购与顾客之间的心理距离。

4. 招待顾客不应有差别待遇

接待任何一位顾客必须一视同仁（老顾客则除外，否则，让老顾客失去了自己的优越感）。顾客选择一个店铺，是店铺的荣幸，不应以貌取人或戴有色眼镜看人。

人不可貌相，海水不可斗量。优秀的销售员应该按照服务的标准，服务每一位顾客，差别化的服务只能增加顾客的失落感。

5. 营业高峰时对待顾客更需精细

在店铺的营业高峰时，顾客比较多，这时，店铺应该以业务纯熟、经验丰富的服务员为中心，完成服务，让客人很满意地离开。在这种情况下，表2-1所示的几项服务原则是必须特别留意的。

表2-1 营业高峰服务顾客原则

服务原则	服务细则
依照客人先后次序来处理	不管有什么样的理由，即使是店长的命令也可以不听从。这个原则非贯彻不可。因为破坏次序会让顾客想起在售票口、超级市场的收银台前等地方，遇到插队的不愉快事情。
尽量缩短每一位客人的处理时间	这正是展示平常磨炼的待客技术的好机会，这可以测试你掌握销售重点及交涉时机的能力。但是，尺寸要拿捏得好，绝对不可以太赶、太急促。一定要专注于眼前的顾客才行。
别忘记向客人说声礼貌话	"欢迎光临"、"请稍候"、"好的,请等一下"、"抱歉"、"让您久等了"、"对不起"、"谢谢光临"。在营业高峰时可以灵活运用这些礼貌的招呼语。虽然这个时候大家都很忙，但是，只要有人招呼一声，顾客就会觉得很心安，而在店里大量采购一番；相反的，如果没有人跟顾客打招呼，顾客会觉得受冷落而丧失在店里采购的兴趣。所以，这一点必须小心应对。

6. 打招呼避免出现的问题

好的开场招呼能让顾客感受到自然、亲切，但是，不恰当的语言和行为也会让顾客感觉到望而却步，因此，打招呼阶段，服务人员应避免出现表2-2所示的问题。

表 2-2 打招呼避免出现的问题

服务阶段	避免出现的问题
迎宾待机	①站位不正确，以致未能留意是否有客户进入店铺，例如：斜靠椅背，跷二郎腿左右摇摆，指手画脚，插口袋或作抱肘状。 ②表现出消极情绪或四处张望。 ③客户进入店铺时，未及时做出相应的迎宾动作，例如主动开门、招呼问候等。 ④迎宾之际，没有暂时停止手边工作，对顾客以示尊重。 ⑤肢体语言生硬或不恰当，没有微笑，目光未与顾客正面接触。 ⑥空场时在店内大声谈笑、聊天、吃东西或喝饮料。
打招呼阶段	①与顾客太靠近或太疏远。 ②与顾客没有目光接触或目光不定，例如仰视、低头或直瞪对方。 ③一开始就问"我能帮您做些什么事"，如果顾客说"不需要"，便会结束你和顾客的交流。 ④交叉双臂，这个身体语言表达出来的含义是无兴趣或不愿意交流。 ⑤只顾埋头干自己的工作，如整理货品，没有理会顾客。 ⑥问候语僵化，对所有的顾客采用同样的招呼语，不能依时段或节庆向顾客提出适当的问候语。

案例链接：营业繁忙时更需精细、周到的服务

周六在大中电器商城一层的笔记本电脑专卖区内，人群熙熙攘攘，原来商城正在举办暑期特卖活动，多数都是家长陪孩子来买电脑的顾客。顾客王先生因为工作的需要也打算买一台笔记本电脑（听同事说××牌子的笔记本电脑还不错），因此，他也来到了大中电器商城的笔记本电脑专卖区域，心想：现在顾客是上帝，虽然我不懂，但是，我可以让服务员给我介绍几款，然后，说说性价比和差异。可是，他来到了商城内才发现人可真不少。

王先生：服务员！服务员！这个笔记本是什么配置的？

服务员：先生，您等一下，我这边在忙着，一会儿过去。

过了3分钟，王先生自己在那无聊地看着样机，尽管POP上面写着一大堆的配置，可自己看不懂，这时，依然没有一人来接待王先生，他有些不耐烦了。

先生：服务员，有没有时间呀？

服务员：……（无人应对中）

王先生起身走了，去了另外一家品牌店。

案例点评：

细节一：服务员：我这边在忙着，一会儿过去。

"我这边在忙着，一会儿过去"明显会让顾客有受冷落的感觉，也使顾客有遭受不公平待遇的感觉，但是，顾客因为对品牌的忠诚还愿意再继续等下去试试看。此时，如果是一个没有任何好感的品牌，顾客仅存的给品牌"一点面子"的想法也就荡然无存了。

注意点：此时，顾客愿意留下来完全是给知名品牌的"面子"，要不早就离开了。

细节二：服务员：……（无人应对中）

任凭顾客再次询问，服务员还是无暇顾及，甚至视而不见，这是非常不礼貌的，常常有很多顾客都是这样被气跑的，就连品牌的"面子"也不给了。他们心里还会想：知名品牌的服务也就那么回事，看来质量也是吹嘘的，还是买别的牌子吧！到手的钱就这样跑掉了，实在可惜，就连品牌的形象也就这样丧失掉了，损失很大。

细节三：过了3分钟，王先生还是自己在看样机，无人招呼。

即使正确地接待了顾客后，服务员也应该随时关注顾客的需求，一有需求马上服务。如果自己抽不开身可以请求其他的服务员来帮助接待。

服务标准方式：

王先生：服务员！服务员！这个笔记本是什么配置的？

服务员：先生稍等，我马上过来。（让王先生不能等待超过1分钟）

服务员应对正在接待的顾客说："真的不好意思，这段时间比较忙，招待不周啦！您先在机器上操作感受一下，我就在旁边，有需要就叫我一声，好吗？"

（离开正在接待的顾客去招呼王先生，当该顾客询问时立即过来服务。）

服务员：先生，真不好意思，让您久等了，请问……

王先生：我希望了解一下咱们现有机器的性能，什么样的适合我，我……

精细服务二：关心顾客，赢得销售

在店铺中，跟顾客打招呼后，需要进一步关心顾客的需求，这是为了发觉顾客的购买信号，并根据顾客的购买信号提供相应的服务。通常顾客可以分为三种类型：现在需要帮助的、现在不需要帮助的、根本不需要帮助的。

1. 关心顾客要注意时机

关心顾客需要注意时机，在顾客需要帮助的时候进行，同时关心顾客需要做到以下几个方面：

① 当顾客询问价钱时，回答顾客价格后，要立马回答货品的独特卖点。

例如：这件衣服698元，是因为这件衣服采用了纳米技术面料，设计上采用独特的免皱工艺处理与众不同，您穿起来会自然挺括。

② 回答完顾客的问题后，再询问顾客的需要和爱好。

例如：您需要什么产品？您喜欢哪种颜色？这件您觉得怎么样？

③ 预留适当空间，让顾客在没有心理压力的情况下自由选购。

④ 细心聆听顾客的需求，并随时作出回应。

2. 设身处地去体谅顾客的感受

服务员要站在顾客的立场上设身处地地体谅他的感受，清楚地知道顾客喜欢什么，不喜欢什么，用礼貌和真诚的行动来回应顾客，这既能让他感受到你对他的理解和重视，体现出你的善解人意，也使服务的过程更富有"人情味"。顾客对服务员的哪些行为喜欢，哪些行为不喜欢，见表2-3所示。

表2-3 顾客对服务员的喜好

顾客不喜欢服务员	顾客喜欢服务员
见面开口就讲产品。	谈论对方感兴趣的话题。
只销售产品。	能够销售服务知识。
一次性无技巧地兜售大量产品。	帮助他循序渐进地体会出产品功效。
死缠烂打。	给予对方足够的空间。
喋喋不休。	细心聆听。
对产品夸大功效。	实事求是。
贬低顾客正在使用的其他品牌产品。	认同顾客正在使用的产品并通过示范，正确指导顾客使用本产品。
触及他的短处或痛处，例如，"你的脸一看就没有保养过"、"你的衣服已经有些过时了"、"你的观念有些过时了"。	发现顾客的优点，并加以赞扬，且在恰当的时机提出建议，例如："你的皮肤没有斑点真是不错，现在天气这么干燥，如能适当补充点水分，相信会更好。"

3. 对顾客所谈论的话题作出反应

当我们和朋友分享喜怒哀乐的时候，我们总是期望朋友能够积极地回应我们，并希望能够看到他们关切的眼神。顾客也是一样的，当顾客主动与我们聊起开心的事情时，服务员应该马上回应。如："您最近喜得贵子啊，恭喜！恭喜！"当顾客跟服务员说到伤心的事情时，服务员也要显露出关心顾客的神情，并用体贴的语言安慰顾客。如"碰到这样的事情，谁都比较难过，不过，万幸的是……"、"是呀，被偷了钱，的确是让人生气，不过破财免灾，您也就不用难过了，是不是？"安慰人的时候要用"是的，……不过……"这样的句式，会让不开心的顾客将悲观的情绪向好的情绪发展。

4. 顾客发出可以接触的信号表现

通常顾客做好准备让你接近时，会用身体语言和信号反映出来，一般分为积极的信号和消极的信号。

（1）积极的信号

① 表情自然，微笑自然。

② 保持目光接触，交谈时看上去很放松。

③ 姿态端正，手势、坐姿或站姿都很放松。

④ 认真倾听的状态。

（2）消极的信号

① 与服务员很少或没有目光接触。

② 斜视服务员，面部表情怪异。

③ 注视墙壁、小桌或地板。

④ 手掌握紧或做出紧张急躁的动作。

⑤ 姿势僵硬。

⑥ 不断看手表，心烦意乱或心不在焉。

当了解到顾客的需求后，服务员如何接近顾客实施帮助呢？

（1）从赞赏或评论他的服装开始，或者谈论天气，这两项永远是一个很安全的开始话题。

（2）采用当前的流行信息，从谈论商店某款服装的特色开始。例如：哪款产品刚刚到货；哪款产品是今年最流行的款式；哪种几何印花图案是今年非常重要的设计；哪款产品的人性化设计最受消费者的好评等。

（3）列举店内哪些款式能够突出顾客的风格特征。了解顾客的风格特征主要是从顾客的装束、言语、职业等方面进行初步的判断。例如：这些新到的短外衣带有腰部细节设计,更适合您的曲线身材;这款新到的带珠片的针织V领衫,穿在您身上与您的肤色、发饰相配都很漂亮,能够凸显您的高贵,但是,又不张扬。

(4)如果顾客看上去好像在徘徊,表明需要引导,这时接近顾客需要给他展示一些新的产品,以供选择。

5. 适当帮助急性子和慢性子的顾客

在客人当中,有急性子的人,也有慢性子的人。因此,在对待客人的时候,必须及早了解客人的个性,然后针对他的性情来应对。

(1)急性子的顾客

急性子的顾客挑选商品会很快,一下子就做决定了。针对这种客人,如果慢条斯理地应对,反会使他急躁不安,从而产生商店的服务态度很差的坏印象,所以,必须配合客人这种急性子的个性,很敏捷地应对才行。

应注意的是:回答顾客的问题要简洁,有问必答,拿取衣服要快,不能拖沓。

对于急性子的顾客不可唯唯诺诺地当个应声虫,对他所提的问题必须适当地回答,而且必要的时候也应该陈述自己个人的意见。假如客人说什么都一律用"是啊"来回答,或者迎合客人来回答的话,反而会令客人讨厌。

尤其是销售流行服饰商品的商店,当急性的顾客问你:"这个,适合我吗?"或者:"不会太花哨了吗?"这个的时候,如果真是很适合的话,可以回答说:"很适合您哦!"若是不太适合,则应认真地替他考虑,不妨向他提出建议说:"稍微花俏一点。"或者:"太朴素了。"这点很重要,一定切记不可一味迎合急性的客人。

(2)慢性子的顾客

在卖场中碰上慢性子的顾客时,就不能着急,这样会使顾客觉得很急迫而无法静下心来购买东西,因而感到讨厌。因为顾客东看看、西看看、这个看看、那个摸摸,慢慢挑选东西正是购物的乐趣所在,所以,导购必须很有耐性地慢慢应对,给顾客足够的空间,绝对不可破坏顾客购物的心情,注意能够使顾客享受选择商品的快感。

然而，不管是急性子的顾客，还是慢性子的顾客，一旦决定购买东西之后，谁都希望赶快拿到手，所以，在顾客决定购买之后，剩下的工作应尽快处理，尽早把顾客所购买的东西交到顾客手中。

6. 顾客需要帮助时的应对策略

当服务员觉得和哪个顾客接洽似乎还早了一点，而去忙于其他工作时，有可能会被顾客呼叫，这种情况之下，不论如何要马上响应"是的"，好让顾客知道你听到他的呼唤了。之后再视情况而定，接着作类似如此的回答："请您稍等，我马上过来。"如果回答顾客的速度慢了短短数秒，对顾客而言，可能会认为不受重视，因而感到不愉快。明朗爽快的回应是给予人好感的最佳武器，这点很重要。

案例链接：顾客找不到想买的物品而请求帮其介绍其他公司时

地点：大型商场购物中心内、零售店铺内、专卖店内。

人物：顾客阿玲、服务员。

时间：周六上午11:00。

在商场中，顾客阿玲着急地找着"洗涤大王"牌产品，商场好大，该怎么办呢？是自己找下去，还是问问就在身边的其他商家的服务员呢？阿玲想了想，还是问问别家的服务员吧。

阿玲：小姐，请问"洗涤大王"牌产品在哪里呢，怎么找不到？

这时，服务员有什么表现呢？

表现好的服务员会面带微笑告知顾客；表现差的服务员则表情冷漠，跟顾客说不知道。

案例点评：

顾客买不到需求的商品时，销售人员一定要帮助顾客，并且向顾客介绍有其要买的产品的商店。这样顾客即使现在不购买你的商品，也会对你的服务记忆深刻，下次只要他需要你这里的产品，第一个就会想到你，想到这个曾认真帮助他的人，并会为你及你的店作宣传。如果处理方式不得当，例如态度冷淡："我怎么会知道？"或者："我也不清楚呢！"这些回答都会让顾客觉得你在敷衍他，从而会让顾客对你的品牌有不好的印象，影响了品牌形象。

精细服务三：介绍产品，用专业知识打动顾客

成功的产品说明技巧能让顾客了解商品的信息，同时认同服务员提供的产品或服务，让顾客感到服务员能解决他的问题并满足他的需求，从而产生想要购买的欲望。在介绍产品阶段，服务员要站在顾客的角度上，设身处地为顾客着想，了解顾客的深层需要，再作相应产品的推荐。

1. 商品介绍的最佳时机

顾客在浏览产品的时候，应该找个合适的时机向顾客介绍商品，将销售工作向前推进一步。当顾客出现以下情形时可以向前靠近顾客并介绍商品。

①当顾客长时间注视某一货品时。

②当顾客触摸产品时（稍作等待，避免立刻上前服务）。

③当顾客表现出寻找某货品的状态时。

④当顾客停下脚步驻足观看时。

⑤当顾客与同伴评价、议论某种货品时。

⑥当顾客注视产品后抬头时。

2. 对不同类型的顾客介绍产品时的服务方式

对不同类型的顾客介绍产品时的服务方式见表2-4所示。

表2-4 对不同顾客的服务方式

顾客类型	特征	精细服务方式
购买目标明确	直接到目标点，从中挑选自己关心的产品，并仔细观看。	①热情、快捷。 ②满足顾客的需求，勿耽误顾客的时间。 ③排除顾客的犹豫。
购买目标模糊	顾客无法确定目标，顾客有四多： ①看得多。 ②问得多。 ③拿得多。 ④试得多。	①有耐心，不怕麻烦。 ②采用开放式发问，了解顾客小范围的要求。 ③围绕产品有重点地介绍。 ④引导顾客消费。 ⑤判断顾客的身份、年龄及购买目的后，进行推荐：从顾客的神态，判断其进店的目的；从顾客的穿着打扮，判断其身份和职业；从顾客的注意力，判断其购买心理。
没有购买目标	在卖场中没有目标地观看，显得比较悠闲，目光游离，心不在焉，神态自得。	①主动打招呼。 ②随时给予服务准备。 ③对顾客感兴趣的货品多加介绍，以加深顾客对产品的印象。 ④给顾客自由空间，但应适时关注。 ⑤防止货品丢失。

3. 向顾客推荐货品时注意的原则

①投其所好地向顾客推荐产品。

②避免重复推荐。

③给予顾客较多的主动选择权。

④结合顾客的特点给予顾客个别关注。

⑤帮助顾客比较货品的特性。

⑥不要替顾客做最终决定。

⑦遇到犹豫的顾客时要有耐心，鼓励顾客触摸产品。

⑧多拿至少一件产品给顾客比较。

⑨如没有顾客所需要的规格，服务员要有礼貌地邀请顾客稍等去仓库取货；邀请顾客先看一下其他货品。

⑩如没有顾客所需要的款式时，服务员要介绍其他类似的款式或其他颜色给顾客。

4. 介绍商品时的服务标准

①产品介绍要全面：有顺序、有逻辑、有重点，完整地说明商品的特性及优点。

②语言要简练：以精炼为主，使用陈述性语言，实事求是。介绍应以顾客的需求为切入点，要专业、适度，态度要诚恳。使顾客享受热情周到的服务，能让顾客相信你是专业人士并听取你的意见。

③服务人数不宜多：一个服务员进行服务，必要时可让其他服务员帮助。

④展示商品，邀请体验，让顾客参与：展示商品的唯一性，要让顾客触摸商品，增加顾客的参与感，为顾客搭配成套的效果展示，要让顾客由感兴趣到有购买欲望，则需要不断地与顾客交流。赞同顾客，与他产生共鸣，能让顾客感受到你愿意站在他的立场帮他解决问题。

⑤启发购买：主动邀请、鼓励顾客体验商品，给顾客提供建议，使他感觉某件商品很好并愿意购买。

⑥运用销售辅助物：例如产品名录、企业简介、广告等。

⑦展示商品介绍时的要求：要选择新的（款式、功能）商品向顾客推荐。

⑧递给顾客商品时采用相应的手法：递送化妆品如香水时，左手食指在上轻按瓶口，右手手掌在下托住瓶底，动作柔和地递到顾客面前；递送衣服时，左手提住衣架或衣物的上端，右手托住衣服下摆，送到顾客面前；必须帮顾客取出衣架；递送皮鞋时，左手捏住鞋的外帮，右手托住鞋底；同时蹲下身将鞋放在顾客脚边，以方便顾客试穿。

5. 使用FABE标准进行产品介绍

FABE在终端销售中被称为黄金推荐法则，因为它适用于任何产品的销售，而且是最专业的推销技术。FABE对应四个英文单词，见表2-5。

表2-5 介绍产品的FABE法则

F	Feature	指产品的特性，与其他产品相比产品本身具有的特性。
A	Advantage	指产品的优点，它源于产品的特性。
B	Benefit	产品能给顾客带来的好处，由优点所引发，当顾客使用产品时所感受到的利益和好处。
E	Evidence	使用者数量、案例。

FABE是一种销售人员通过详细介绍所销售的产品如何满足顾客的需求、如何给顾客带来利益来说服顾客购买，从而引发顾客的成交欲望并提升成交率的方法。我们以销售服装为案例，用FABE来向顾客介绍。

一件服装可以从面料、特殊工艺、颜色、款式、版型、设计细节等诸多方面找出很多条FABE，而将这样的分析结果运用到销售过程中时，导购的语言会显得生动、有说服力，比较容易打动顾客。例如，当一位顾客拿起一件衬衫时，导购如果只说："先生，这件衬衫是丝光棉的。"可能不会引起顾客的兴趣，他会觉得丝光棉跟他买衬衫没什么关系。但如果导购这样说："先生，这件衬衫是丝光棉的（F），摸起来手感特别柔软舒适，并且吸湿、透气、抗皱（A），所以，您穿起来会觉得特别舒服，而且很能凸显您的品位和气质（B）。很多的电影明星都喜欢穿这个面料（E）。"就会让这位顾客觉得这件衬衫很不错，值得购买。

表2-6中是导购的一般销售用语和FABE用语的对比。两者对比之下，不难看出运用了FABE的销售语言比一般销售语言更能增加顾客的选择性和可接受性。所以，导购需要很清楚地知道，自己所销售的商品有什么与众不同的特性，它有什么优点，能带给顾客什么好处，那才是商品的卖点。大多数情况下，恰当地使用FABE推荐法，具有引起顾客购买兴趣、缩短购买时间、加快购买脚步的重要作用。

表2-6 一般销售用语与FABE销售用语的比较

一般销售用语	FABE销售用语
这款衣服是由麻纱织成的。	这款衣服是由麻纱织成的，您在炎热的夏天穿起来格外凉爽。
这款裤子穿起来很舒服的。	此款所用面料为100%的棉，很容易吸汗，夏天穿上能够保持皮肤的干爽，特别舒服。
这款衣裙的版型特别好。	这款衣裙采用贴身的版型设计，它可以充分体现出您迷人的身材曲线，让您显得非常有女人味，而且，很多的演员在出席颁奖晚会的时候都喜欢穿这个版型。
这款运动鞋穿起来很舒服。	这款运动鞋是配合慢跑的力学结构造型设计的，而且有弹性极佳的泡棉垫底。当然，您穿着它慢跑时舒适、贴地且毫无束缚感。而且泡沫棉底的弹性会使您轻步如云，轻松且不易受伤。

6. 介绍商品时先说优点还是缺点

在向顾客介绍商品时，优点与缺点的介绍顺序是有差别的，服务员应该像一位媒人介绍一位姑娘一样。当你说"这位姑娘脸蛋虽然差一些，但脾气很好"和"这位姑娘脾气虽然很好，脸蛋稍微差一些了"时，虽然内容相同，但听者的感受却是完全不同的。因此，商品介绍也是一样，优点与缺点介绍的顺序表达要点如下。

①先说优点，再讲缺点——强调了缺点。

例如：这件产品性能好，但价格高（给人很贵的感觉）。

②先说缺点，再说优点——强调了优点。

例如：这件衣服价格虽高，但质量好（给人品质很好的感觉）。

这两句话的表达方式听起来就有极大的差异。前者给人以"高价"的强烈印象，后者却将"品质良好"的印象留在顾客的心里。所以，说话的顺序能大大地左右顾客，即使是同样的内容，说话的顺序也非常重要。因此，商品介绍要先提及不足后着重介绍商品的优点。

案例链接：当顾客说"你们是在卖东西，当然说好了，我不信"

地点：大型商场。

人物：顾客王小姐、服务员。

时间：周六下午14：00。

服务员：这款粉底有仿陶瓷般细致光亮的效果，很适合像您这样气质高雅的女士。

王小姐：是吗？真的有这么好吗？其实，我是不信你们说的，哪家服务员不说自己家的东西好呢？

服务员：唉，您要有这种想法，我也无话可说了。

案例点评：

顾客永远是对的，遇到顾客对服务员提出异议的时候，首先，服务员要对顾客的异议表示肯定，在感情上认同他，才会避免顾客对你的不信任。其次，根据情况来应对顾客。本案可以这样来回答顾客："王小姐，您有这样的想法是很正常的，的确，现在很多的店铺存在'王婆卖瓜，自卖自夸'的现象，不过请您放心，××牌子在市场上已经销售很多年了，市场的口碑也已经形成了，我们的生意主要是靠您这样的老顾客在支持，所以，绝对不会拿诚信去冒险的，对于产品的质量我很有信心。像您这种气质的××和××都在用这个牌子的这个型号，她们用的效果您是能够感受到的，不是吗？"

精细服务四：协助顾客体验，注重精细服务

顾客是否购买商品，常是在体验的时候做决定的，因此，协助顾客体验商品是店面服务中的一个最需要重视的环节，这能体现出卖场对顾客的关爱，能够让顾客真心感受到对其的呵护。

1. 协助体验的程序

既然此环节如此重要，就应该设计精细化的程序，协助顾客体验的程序见图 2-2 所示。

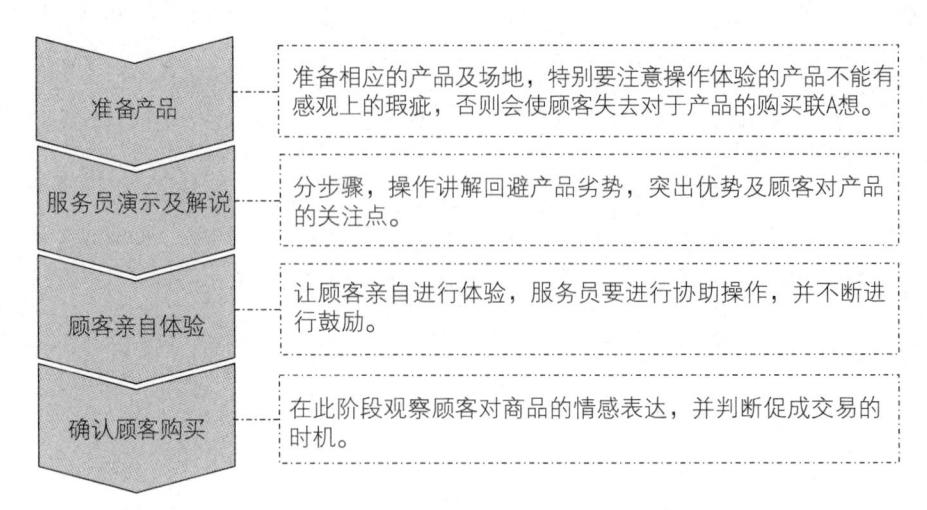

```
准备产品 ────► 准备相应的产品及场地，特别要注意操作体验的产品不能有
              感观上的瑕疵，否则会使顾客失去对于产品的购买联A想。

服务员演示及解说 ──► 分步骤，操作讲解回避产品劣势，突出优势及顾客对产品
                    的关注点。

顾客亲自体验 ──► 让顾客亲自进行体验，服务员要进行协助操作，并不断进
                行鼓励。

确认顾客购买 ──► 在此阶段观察顾客对商品的情感表达，并判断促成交易的
                时机。
```

图 2-2 协助顾客体验的标准程序

2. 产品体验后顾客的反应与应对

在顾客对产品的体验阶段，顾客可能会有不同的反应，此时能有效回应顾客的反应，则能有效促成顾客的购买，反之，则会让顾客产生消极购买的情绪。顾客的反应应对见表 2-7 所示。

表 2-7 体验产品后顾客的反应与应对

顾客反应类型	表现	应对
自我欣赏型	在镜前不停转，喜欢自我欣赏，表情自信，沉浸在一种陶醉的状态中。	表现出你对他着装的欣赏，称赞他的眼光独到，极力赞美穿着效果，赞美可适当夸张。
寻求参谋型	总在征求导购或随行人员的意见，自主性不强，并且反复比试。	充分表现你对服饰及流行的专业，提出中肯、合理的意见，并积极、认真地替其做主，若有同伴，推销重点应在其同伴身上。
沉默不语型	基本不说话，对别人的话充耳不闻，只是认真做自己的事。	可提建议，多加评价，但不要替其做主，应介绍顾客关心的货品让其自己选择。

3. 顾客体验阶段需要避免的问题

①服务员的积极性不够，未主动鼓励顾客体验，反而处于被动地位。

②未能协助顾客进行产品的演示。
③在顾客体验阶段，怕顾客损坏产品，经常提醒顾客。
④让顾客购买的心情过于迫切，一味说好，替顾客做决定。

4. 产品销售的服务流程及细节

产品的销售因为要结合的因素很多，有流行因素、个人喜好因素等，我们以服装产品试穿的过程为例，顾客在试穿服装的过程中具有特殊性，协助顾客试衣的过程也是启发销售的过程，因此，对各个环节应该认真对待，随时启发销售，并为附加推销阶段服务，具体精细化流程见图2-3所示。

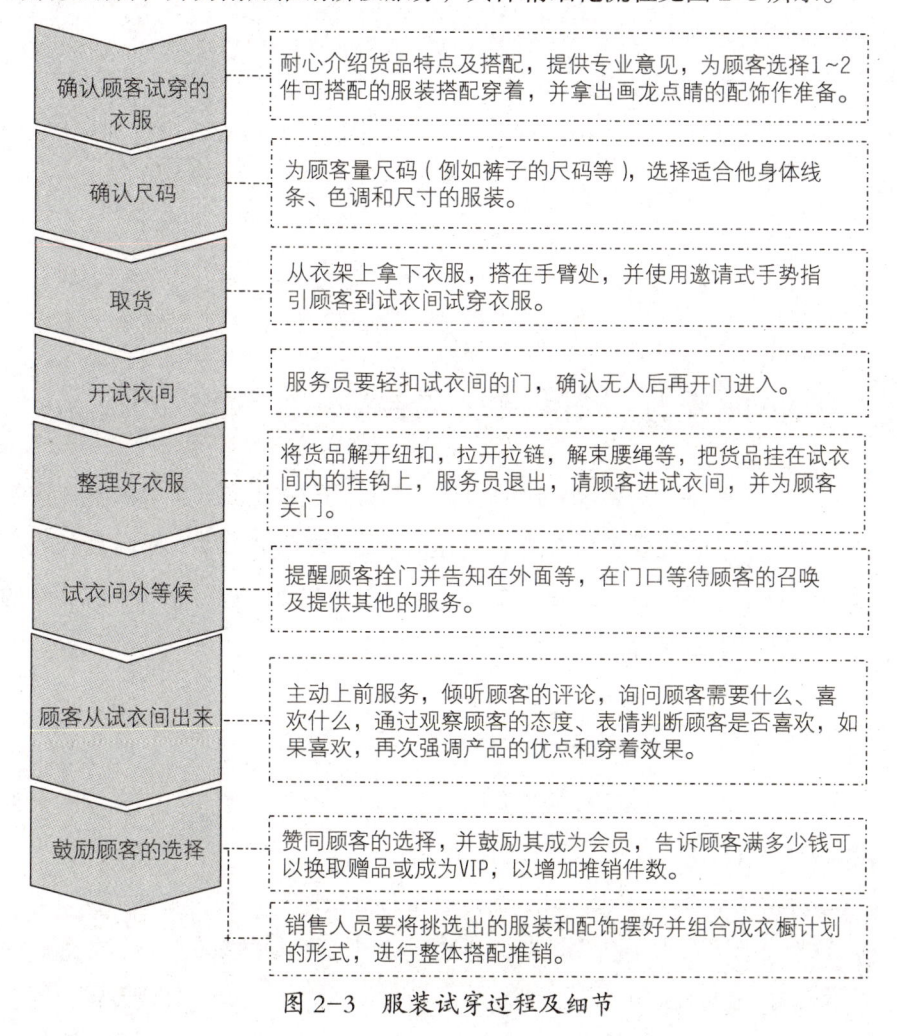

确认顾客试穿的衣服	耐心介绍货品特点及搭配，提供专业意见，为顾客选择1~2件可搭配的服装搭配穿着，并拿出画龙点睛的配饰作准备。
确认尺码	为顾客量尺码（例如裤子的尺码等），选择适合他身体线条、色调和尺寸的服装。
取货	从衣架上拿下衣服，搭在手臂处，并使用邀请式手势指引顾客到试衣间试穿衣服。
开试衣间	服务员要轻扣试衣间的门，确认无人后再开门进入。
整理好衣服	将货品解开纽扣，拉开拉链，解束腰绳等，把货品挂在试衣间内的挂钩上，服务员退出，请顾客进试衣间，并为顾客关门。
试衣间外等候	提醒顾客拴门并告知在外面等，在门口等待顾客的召唤及提供其他的服务。
顾客从试衣间出来	主动上前服务，倾听顾客的评论，询问顾客需要什么、喜欢什么，通过观察顾客的态度、表情判断顾客是否喜欢，如果喜欢，再次强调产品的优点和穿着效果。
鼓励顾客的选择	赞同顾客的选择，并鼓励其成为会员，告诉顾客满多少钱可以换取赠品或成为VIP，以增加推销件数。
	销售人员要将挑选出的服装和配饰摆好并组合成衣橱计划的形式，进行整体搭配推销。

图2-3　服装试穿过程及细节

精细服务五：处理顾客异议，让顾客无顾虑

在销售服务中，对顾客异议的服务处理方式至关重要。顾客的异议通常具有两面性：既是成交障碍，也是成交信号。"褒贬是买主，无声是闲人"，说的就是这个道理，顾客有异议表明他对产品感兴趣，也就意味着有成交的希望。因此，对顾客异议阶段的服务至关重要。

1. 顾客会在哪些方面产生异议

顾客产生异议，原因有很多方面，一是顾客方面的原因，二是商品本身的原因，还有可能是服务人员方面的原因。

① 顾客方面的原因表现在：顾客本能的自我保护、对商品不了解、缺乏足够的购买力、对推销品或推销企业有成见以及顾客的决策有限等方面。

② 商品本身的原因表现在：商品的质量、价格、品牌包装以及售后服务

等方面。

③ 营销人员方面的原因表现在：营销人员的态度、营销人员是否专业等方面。

2. 顾客异议的几种类型及服务标准

顾客异议的几种类型及服务标准见表 2-8 所示。

表 2-8　顾客异议的几种类型及服务标准

异议类型	异议解释	情景表现	服务标准
需求的异议	需求异议是指顾客认为不需要产品而形成的一种反对意见。它往往表现在服务员向顾客介绍产品之后，顾客当面拒绝。	①我的面部皮肤很好，就像小孩一样，不需要用护肤品。②我们根本不需要它。③这种产品我们用不上。④我们已经有了。	这类异议有真有假。真实的需求异议是成交的直接障碍。服务员如果发现顾客真的不需要产品，那就应该立即停止营销。虚假的需求异议既可以是顾客拒绝的一种借口，也可能是顾客没有认识或不能认识自己的需求。服务员应认真判断顾客需求异议的真伪性，对有虚假需求异议的顾客，设法让他体会产品提供的利益和服务，使之动心，再进行销售服务。
财力的异议	财力异议是指顾客认为缺乏货币支付能力的异议。	产品不错，可惜没有带那么多钱，不能买了。	一般来说，对于顾客的支付能力异议，服务员可以在销售服务中根据具体情况或协助对方解决支付能力问题（如答应先交押金、延期付款等），或通过说服使顾客觉得购买机会难得而负债购买。对于作为借口的异议，服务员应该在了解真实原因后再作处理。
购买权力的异议	购买权力异议是指顾客以缺乏购买决策权为理由而提出的一种反对意见。	我需要回家和父母商量一下才行。	与需求异议和财力异议一样，购买权力异议也有真实或虚假之分。服务员在寻找目标顾客时，应该对顾客的购买人格和决策权力状况进行认真分析，如果对方是在找借口，那么，服务员要认真思考一下是什么原因不能让顾客接受产品，如果顾客真的存在购买决策权的问题，服务员需要对顾客进行维护。

续表 2-8

异议类型	异议解释	情景表现	服务标准
价格的异议	价格异议是指顾客以推销产品价格过高而拒绝购买的异议。无论产品的价格怎样，总有些人会说价格太高、不合理或者比竞争者的价格高。	①太贵了,我买不起。②我想买一种便宜点的型号。③我不打算投资那么多,我只使用很短时间。④在这些方面你们的价格不合理。⑤我想等降价再买。	当顾客提出价格异议,表明他对产品有购买意向,只是对产品价格不满意。当然,也不排除以价格高为拒绝营销的借口。在实际营销工作中,价格异议是最常见的,营销人员如果无法处理这类异议,营销就难以达成交易。
产品的异议	产品异议是指顾客认为产品本身不能满足自己的需要而形成的一种反对意见。	①我不喜欢这种颜色。②这个产品造型太古板。③新产品质量都不太稳定。	产品异议表明顾客对产品有一定的认识,但了解还不够,担心这种产品能否真正满足自己的需要。因此,虽然有比较充分的购买条件,但就是不愿意购买。营销人员一定要充分掌握产品知识,准确、详细地向顾客介绍产品的使用价值,从而消除顾客的异议。
营销人员的异议	营销人员的异议是指顾客认为不应该向某个营销人员购买其推销产品的异议。有些顾客不肯买推销的产品,只是因为对某个营销人员有异议,他不喜欢这个营销人员,不愿让其接近,也排斥此营销人员的建议。但顾客肯接受自认为合适的其他营销人员。	①我要买老王的。②对不起,请贵公司另派一名营销人员来。	营销人员对顾客应以诚相待,与顾客多进行感情交流,做顾客的知心朋友,消除异议,争取顾客的谅解和合作。
货源的异议	货源异议是指顾客认为不应该向有关公司的营销人员购买产品的一种反对意见。	①我用的是某某公司的产品。②我们有固定的进货渠道。③买国有企业的商品才放心。	顾客提出货源异议,表明顾客愿意购买产品,只是不愿向眼下这位营销人员及其所代表的公司购买。当然,有些顾客是利用货源异议来与营销人员讨价还价,甚至利用货源异议来拒绝营销人员的接近。因此,营销人员应认真分析货源异议的真正原因,利用恰当的方法来处理货源异议。

续表 2-8

异议类型	异议解释	情景表现	服务标准
购买时间的异议	购买时间异议是指顾客有意拖延购买时间的异议。顾客总是不愿马上做出决定。	①让我再想一想，过几天答复你。②我们需要研究研究，有消息再通知你。③把材料留下，以后答复你。	这些拒绝很明显意味着顾客还没有完全下定决心，拖延的真正原因可能是因为价格、产品或其他方面不合适。有些顾客还利用购买时间异议来拒绝营销人员的接近和面谈。因此，营销人员要具体分析，有的放矢，认真处理。

3. 顾客产生异议的服务细则

（1）事前准备

"不打无准备之仗"，终端营业前要充分估计顾客可能提出的异议，并准备出相应的处理方法，事前无准备，就可能不知所措，顾客得不到满意答复，自然无法成交。良好的准备工作有助于消除顾客的异议。

（2）选择恰当的时机

美国零售研究机构研究表明，优秀的服务员遇到顾客强烈反对的机会只是其他服务员的 1/10，原因是优秀的服务员往往能选择恰当的时机对顾客的异议提供满意的答复。这在消除异议负面性的基础上发挥了其积极的一面。

（3）永远不和顾客争辩

不管顾客如何批评，销售人员永远不要与顾客争辩，"占争论的便宜越多，吃销售的亏越大"。与顾客争辩，失败的永远是销售员。

（4）给顾客留面子

顾客的意见无论是对是错、是深刻还是幼稚，服务员都不能轻视，要尊重顾客的意见，讲话时面带微笑、正视顾客，听对方讲话时要全神贯注，回答顾客问话时语气不能生硬。"你错了"、"连这你也不懂"、"你还没明白我说的意思，我是说……"这样的表达方式抬高了自己，贬低了顾客，挫伤了顾客的自尊心。

4. 异议处理成功阶段的信号

（1）及时处理顾客异议，尽量缩短交易时间，尽快进入交易阶段。顾客通常发出的准备购买的信号有：

①顾客突然不再发问。

②顾客把话题集中在某一件货品。

③顾客向同伴征求意见。

④顾客不断点头表示赞同。

⑤顾客关心售后服务的问题。

⑥不断重复地问同一个问题。

（2）此时应留意顾客的非语言反应，如微笑、点头等，有效把握时机，服务员语言方面可采取以下应对方式：

①直接问：你觉得呢？我帮您包好？

②选择式：您确定买这件还是那件？

③建议式：现在买有礼品赠送，只剩下两件，不买恐怕没有了？

④想当然：我肯定您会喜欢／您现在买正好穿。

对缺乏经验的营业员，有一条重要的教训，当顾客说"不"时，营业员不应当因此认为促销服务失败。顾客说"不"的意思可能是"现在不"、"我需要更多的信息"或"我并不是很清楚"。

5. 回应异议流程中的服务点

在零售中，服务员要想比较容易和有效地解除顾客异议并成交，就应遵循一定的程序为顾客服务，解决问题。此阶段的服务分为五个步骤。

（1）认真听取顾客的异议

弄清顾客究竟提出了什么异议，因此，服务员要做到以下几点：

①认真听顾客讲述。

②让顾客把话讲完，不要打断顾客讲话。

④要带有浓厚兴趣去听。

服务员应避免打断顾客的话，匆匆为自己辩解，竭力证明顾客的看法是错误的，这很容易激怒顾客，并会演变成一场争论。

（2）回答顾客问题之前应有暂短停顿

回答顾客的问题之前应有暂短停顿，这会使顾客觉得服务员的话是经过思考后说的，是负责任的，而不是随意乱说的。这个停顿会使顾客更加认真地听取服务员的意见。

（3）要对顾客表现出同情心

这意味着服务员理解顾客的心情。明白顾客的观点，并不意味着服务员完全赞同他们的观点，而只是了解他们考虑问题的方法和对产品的感觉。顾客对产品提出异议，通常会带着某种主观感情，所以，要向顾客表示服务员已经了解他们的心情，如对顾客说"我明白您的意思"、"很多人这么看"、"很高兴您能提出这个问题"、"我明白了您为什么这么说"等。

（4）复述顾客提出的问题

为了向顾客表明已经明白了他的话，服务员可以用自己的话把顾客提出的问题再复述一遍。

（5）回答顾客提出的问题

对顾客提出的异议，服务员要回答清楚，自己解决不了的可以请求上级主管的帮助，并在处理中使用各种处理异议的方法，只有顾客满意了，才能促使推销进入下一步。

案例链接：顾客希望"降价"或"打折"

时间：周六上午。

地点：家电大卖场。

人物：顾客黄小姐、服务员小李。

黄小姐："我挺喜欢你们家产品的，不过，如果我买一套落地空调，你能不能给我打个折呢？"

小李："黄小姐，××品牌的空调在市场上都是统一价格，这也是为了保护消费者的利益，若是我给您打折进行销售，违反了公司的规定是要受处分的，真对不起！不过，为了方便老顾客的购买，我们特地推出了优惠顾客卡，您申领了优惠顾客卡后，凭卡购物可享受9折优惠，而且还有积分购货、每季度幸运抽奖及当季精选等特别优惠活动，如果您有兴趣了解的话，我再给您一些宣传资料，您看可以吗？"

黄小姐："那好，我看看。"

案例点评

在解决这些异议的时候，可以强调以下几点内容，将顾客的注意点进行转移：

① 突出商品的价值和品牌效应。

② 强调商品的品质。

③ 表示商品某些特性确实可以满足顾客的需求。

④ 解释产品长期的使用效果。

⑤ 为顾客做损益分析——解释低价商品与最佳效益。

精细服务六：美程服务，留下美好印象

美程服务是顾客决定购买产品后，服务员应该服务的内容，涉及收银、顾客资料收集、送客等内容。此环节是给顾客留下美好印象的关键时刻，因此要注意服务细节，且不可因为交易成功就忽略了对顾客的服务。

1. 美程服务，带领顾客到收银台

服务就是细节，如果顾客确认购买商品后，服务员毕恭毕敬地用手指着收银台告诉顾客说"收银台在那边"，这样的服务，只能是算及格。因为这种做法让顾客感觉还是不够亲切，假如当时并没有其他的顾客要招呼，不妨服务周到地向顾客说："收银台在那边，请跟我来！"同时，面带微笑，领顾客到达卖场的收银台，相信这样一定会让顾客产生很大的好感。如果销售员自认不能离开卖场时，也要到卖场的外边，用手指引收银的位置，并详细

告诉顾客"出了咱们的门口，右拐50米就是收银台"。如果服务员并没有挪动脚步，表现积极的话，顾客也会感觉服务商的失落感。所以，服务员在卖场允许的情况下，尽量带领顾客到收银地点。

2. 包装时创造和顾客讲话的机会

创造和顾客的交谈机会应该在包装作业时。因为很多顾客都急着快一点完成结账，所以，这时的谈话具有缓和顾客焦躁心情的功效。

会话必须简短。可选些有关商品、气候、家人、兴趣等话题。细分起来，对不熟的顾客，可谈些商品、气候的内容；对很熟悉的顾客，除了这些话题之外，还可增加一些家人、嗜好等方面的内容。

谈话的内容简单即可，只要能够传达"对顾客随时都很关心"的态度就可以了。因为每一个人在被别人关心的时候都会很快乐，基于这种心理变化，被关心的顾客将会成为商店的固定顾客，特别偏爱这家商店。

3. 全程真诚赞美

在销售服务的每个环节都需要真诚地赞美顾客，真诚赞美要注意把握两点：认同和赞美。销售员要对顾客所说的话表示认同并寻找机会适时赞美顾客，与顾客建立信任关系，迅速达成销售。

赞美不等于奉承，赞美要注意以下几点：努力发现顾客的长处，只赞美事实；用自己的语言赞美；要具体、要体现细节；发自内心，态度真诚；适时地在对话中加入赞美；给予顾客专业及正面的评价；要始终面带微笑。

要点：服务人员在向顾客赞美时不要说奉承话，对自己的赞美方法要有信心。

我们来看下面的案例。

张小姐说：你这个皮包的设计、颜色都很好,可惜皮子的品质不是最好的。

导购说：张小姐，您的眼力真好，这个皮料的确不是最好的。看您对皮具了如指掌，是不是从事相关的工作？若选最好的皮料的话，价格可能就要比现在这个价格高出好几倍以上了。再说，这款包采用的是最新工艺制成的荔枝皮，配您的外套非常合适，更显得您的气质优雅、高贵。

高品质的服务可以提高商品的附加值。在一些高档商场里，服务甚至是利润的重要组成部分。因此，销售员必须提供能够使顾客满意的服务，具体而言，就是销售技术与销售应对仪态。如果销售技术和销售应对仪态不完善的话，不但无法令顾客感到满意，而且服务过度会令顾客觉得厌烦，所以，平常就该多注意观察顾客的习性、感情，然后进行适当的服务。

案例链接：精细化服务就是对细节的处理

时间：周日上午9:00。

地点：一家中档女装店内。

人物：顾客形象顾问、顾客。

场景：

周日早晨开门后，开完晨会，店长带领员工整理周五晚刚到店铺的货品。一位顾客进店，员工在店铺后面看到顾客，边陈列货品边打招呼："欢迎光临！"

顾客翻开一件叠着的衣服，一个员工跟在顾客身后，顾客离开后，员工整理好顾客看过的货品。

顾客："这款大衣有我穿的码吗？"

员工："您穿多大码？"

顾客："M码。"

员工："请稍等，我看一下。"

员工帮顾客拿了一件大衣并礼貌地向顾客指引试衣间的方向，邀请顾客去试衣。

顾客穿好衣服后从试衣间出来，照着镜子问员工："我穿这个颜色是不是显得皮肤有点黑？"

员工："这款大衣的颜色衬得您的皮肤挺白啊。"

顾客："多少钱？"

员工："4998元。"

顾客："贵了点。"

员工："不贵呀，物有所值嘛！"

顾客："×××品牌才3000元。"

员工（不悦）："他们家的面料和我们家的没法比。"

顾客无言以对，转身离去。

案例点评：

终端店铺的服务应该为店铺做加法，但是，上面情景中的每一句话、每一个细节、动作都在为其经营的店铺、品牌做减法，上面的这个场景在很多服务细节上存在问题，必须修正，下面一一分析。

细节一：周六早晨开门后，店长带领员工整理周五晚刚到店铺的货品。

店铺经营中，应该避免在周五、周六或周日进出货品。因为这是一个复杂的工作，而这个时候是销售的高峰。如果是迫不得已的原因，货品要在周五晚上到，那么，我们就应该在周五的晚上进行货品整理，不要放到周六早上或者是周五货品销售阶段，影响销售。

细节二：一位顾客进店，员工在店铺后面看到顾客，边陈列货品边打招呼："欢迎光临"！

在这个细节中，我们也可发现有两个部分出现了问题。首先，员工在店铺后面看到顾客，边陈列货品边打招呼，就是一个非常不礼貌的行为，会让顾客感觉到他不受重视。服务员在看到顾客进店后应该有一个非常重要的动作，就是放下手中的货品，第一时间来跟顾客打招呼，这样顾客就会觉得他是受重视的。其次，"欢迎光临"，看起来这四个字很简单，很平常，没有太大的问题，但是，顾客不希望我们只是说"欢迎光临"，因为这四个字听起来让人感觉有些冷淡、有些例行公事。专业的招呼应该怎么打？简单来讲，应该满足四个要求：①面带微笑；②看着顾客的眼睛，跟顾客有一定的目光交流；③声音要清脆；④不同的营业时间段（早晨、中午、晚上），打招呼的内容有所不同。例如，晚上跟顾客打招呼应该说："晚上好！先生，欢迎来到本店！"这样就会让顾客觉得特别亲切。

细节三：顾客翻开一件叠着的衣服，一个员工跟在顾客身后，顾客离开后，员工立刻整理好顾客看过的货品。

当顾客翻看叠装时，服务员要马上告诉顾客："小姐您稍等，我来帮您打开衣服，这样会有利于您来看服装。"如果顾客要看的是挂装，服务员应该说："小姐，我来帮您取下来，这样更方便您来看！"因此，服务员应该是帮顾客忙，而不是让顾客自己来打开叠装。当顾客离开后，员工整理好刚刚顾客翻看的货品，这是一个非常危险的动作，这个动作向顾客暗示着"对不起，我不喜欢你动我的衣服，请你下次不要再动我的衣服了。"顾客会觉得我们不太喜欢他翻看卖场的衣服，顾客就会很小心，也会影响到购物的心情，所以，这个细节会给顾客留下不好的印象，因此，服务员一定要等到顾客离开这个区域之后再去整理货品。

细节四：顾客："有我穿的码吗？"员工："您穿多大码？"

这个环节的问题在于，服务员不应该在等待顾客问"有我穿的码吗"后反问"您穿多大码"。作为一个专业的服务员，我们应该在观察了顾客的身材、身高、肤色后马上有个判断，之后告诉顾客："小姐您好，以我的经验您应该穿 L 码，对吗？"这样才能够体现我们的专业性。

细节五：顾客："M 码。"员工："请稍等，我看一下。"

这个细节看起来似乎没有什么问题，大部分店铺也都是这样做的，但是，其实这个情况反映的是我们的导购员对我们商品的了解不够。在很多情况下，我们的运作效率降低了。作为一个服务员，对于自己所负责区域的商品，有多少库存、多少尺码、颜色，要非常清楚，这样不仅能节约顾客的时间，更加重要的是，可以提高店铺的运作效率。所以，对这个细节要特别留意。

细节六：员工帮顾客拿了一件大衣并礼貌地向顾客指引试衣间的方向，邀请顾客去试衣。

店铺的营业时间段可以分为淡场和旺场。如果是旺场，一般要求服务员要具备以一敌四的能力，也就是要求一个服务员要同时帮助四个顾客。在旺场我们就不需要将顾客带到试衣间，帮顾客进行试穿等环节。我们可以用指引试衣间的方式，让顾客试衣。而在淡场的时候就要特别留意，就不能是简单的指引动作，而是带领顾客到试衣间，因为这个时候我们有足够的时间，让顾客体会我们的服务，感受更好。

细节七：顾客从试衣间出来，照镜子问员工"我穿这个颜色是不是显得皮肤有点黑"。员工回答"这款大衣的颜色衬得你的皮肤挺白啊"。

表面上来看，这个细节似乎没有问题，而且很多的店铺也一直在这样做，如果真的感觉顾客的衣服穿起来很不错，的确也会说："没有啊，我觉得还不错"。这样的表达、这样的回答有没有问题呢？当顾客表达"小姐，这件衣服是不是显得我的肤色有点黑，是不是显得我的肤色有点黄"的时候，如果我们直接回答我们的感受，会带给顾客一个"在敷衍他"的感觉，顾客会觉得我们是不真诚的，不可靠的。因此，在这个时候，即使我们感觉到这件衣服已经非常适合顾客，我们仍然不建议导购员去直接回答顾客说："没有呀，我觉得还不错。"为了加强顾客对我们的信赖感，我们可以用话术技巧来弥补，例如："小姐，其实，以您的肤色来看比较适合穿红色或者粉色等，您现在穿的这件衣服我看起来还不错。其实，我们还有另外一件颜色，我个人觉得这个颜色更加适合您，要不我拿过来给您比一下，您就会感觉到这个颜色其实是很适合您的。"或者"那个地方的灯光有点暗，您站到这个地方来看下，我个人觉得还不错呀。"这种回答就会让顾客觉得我们是比较真诚的，就会让顾客对我们产生信赖感。

细节八：顾客问"多少钱？"，员工答"4998元"。

在日常的销售过程中，当顾客问这件衣服多少钱时，我们百分之百地会回答："300元。"那么，这个回答有没有问题？从表面上看，一点问题都没有，但是，如果仅仅只回答300元，这就会有一个巨大的问题在里面：从专业的角度讲，这个回答太简单，因为顾客并不知道这件衣服为什么会值这么多的钱，因此，勾不起顾客购买的欲望。所以，在顾客询问价格的时候，千万不要简单地回应一个价格，因为这个时候是没有办法引发顾客的购买欲望及联想的。那么，我们该怎么做呢？当我们回答完这件衣服的价格后，分秒不要停顿，要在后面立刻跟上这件衣服的卖点，例如：这件衣服300元，是因为这件衣服采用了什么样的面料、设计上有什么与众不同，您穿起来会感觉怎么样。应该把这件衣服的卖点告诉顾客，这样才能让顾客知道这件衣服为什么卖300元，能够让顾客从容地选购衣服，引发购买欲望。

细节九：顾客说"贵了点"，员工回答"不贵呀，物有所值嘛！"

短短的一句话，八个字，就有两个"地雷"。在店铺里面我们的顾客非常不喜欢他们的感受遭到反对，所以，"不贵呀"这三个字实在寓意着反对顾客的判断，否认了顾客的感受，因此，要小心。从专业的角度来说，我们应该认同顾客的话，例如："小姐这件衣服正如您所说的，看起来价格比起其他衣服是有一点点高。"接下来的"物有所值"四个字对顾客来讲和不回应他没有任何的区别，"物有所值"让顾客听不到任何的内容，顾客没有办法解决产品为何贵这样的一个疑义，因此，我们应该将"物有所值"改成对产品的介绍。

细节十：顾客说："×××品牌才 3000 元。"员工不悦地说："他们家的面料和我们家的没法比"。

在店铺中，我们经常发现，有很多的顾客会拿别的品牌产品来和我们的产品作比较，这时候有些导购会不高兴，甚至有些导购会说："那你就去别的品牌店买好了。"作为销售服务人员，我们一定要明白，我们的顾客是绝对有权利拿不同品牌产品做比较的，对此，一线的销售人员应该机智处理。

专业的做法是：销售人员应该微笑着认同顾客说的话，譬如说："小姐挺专业的，看起来您对我们的品牌很了解，他们的产品价格我们是知道的，其实细看我们的品牌产品和他们的产品还是有些不一样的地方，我们的产品用了××××与众不同的设计。"在这个时候，我们首先要认同顾客的感受，其次要将我们的品牌、产品的设计及不同之处告诉顾客，取得顾客的认同。

通过这个案例我们可以看出来，因为有这么多的细节没有做好，最后带来的结果是顾客无言，转身离去。案例分析完之后我们发现，当顾客从进门到离开，我们在不经意之间犯了很多细节错误，而这样的一连串的错误最后就会影响到一个顾客在购物时候的心情，最后会影响到店铺的业绩，所以，售中服务要精细化管理，关注细节，关注顾客的感受，方能创造好的销售业绩。

第三章
与数字一起舞蹈——运用销售数字提升业绩

随着市场竞争的日益激烈,如何使终端销售工作做到精细化、可控化,成为困扰许多销售主管的重要课题。门店的精细化管理应该依据数据分析进行,避免凭经验、凭喜好的个人风格。

店铺中的数字会说话。我们应利用所搜集的数据资料,解读它隐含在管理上的含义,作为店铺货品配销、经营绩效、商品销售分析及规划等的参考依据。因此,店铺的销售管理是重视数字的管理,数字的反应都将揭露深藏在管理、市场上的信息,在当今瞬息万变的竞争市场中,掌握了资讯就掌握了市场,也就能成为最后的赢家。

本章导读

店铺销售数据告诉我们什么
数据会说话：店铺核心关键指标分析
其他关键数据分析
销售月报表管理
数字化陈列——让商品自动销售

店铺销售数据告诉我们什么

销售分析就是衡量并评价实际销售情况与计划销售目标之间的差距。店铺的销售管理，首先要做好销售统计，然后进行分析，充分掌握并分析终端的这些关键销售数字信息，及早发现问题，采取防控措施，助力业绩大步提升。

销售差异分析

销售分析分为销售差异分析和微观销售分析。销售差异分析用来衡量各个因素对造成销售出现差异的影响程度。

例如：某公司年度计划要求在第一季度销售4000件产品，售价为1元，销售额为4000元。季度末却只销了3000件产品，而且售价仅为0.8元，销售额为2400元。实际比计划销售额少40%，差异为1600元。造成这一差异的因素是销售量下降和价格降低。问题是，这两个因素对造成销售额差异的影响程度如何？从计算结果可知，造成销售额差距的主要是由于没有实现销售量目标。公司应该对其预定的销售量目标为何没有实现进行深入分析。

微观销售分析

微观销售分析是通过对产品、销售地区以及其他方面考察来分析未完成销售目标的原因。例如：对公司在各个地区市场进行考察，假设该公司在3个地区市场销售,销售目标分别为1500件、500件和2000件，总数为4000件，而实际销售量分别是1400件、525件和1075件。3个地区市场完成的销售量与计划目标差距分别7%、+5%和−46%。可见，第三个地区市场是造成销售差距的主要原因。管理当局就要对第三个地区市场进行检查分析，找出原因，并对该地区市场的营销工作进行改进和加强。

无论进行哪种分析都离不开一些数字，卖场中的数字分析离不开以下几种：营业额、店铺平效、同比、环比、客流量、客单价等。这些指标可作为年度目标达成中过程分析的重要数据，同时也是制定卖场阶段性策略的重要依据。

下面我们来看分析这些数据对店铺发展、业绩提升的意义。

1. 业绩反映及补货的参考

销售日报、月报是每日、每月销售活动的第一手资料，各营业店当天销售的情况都显示在该记录中，这是最快、最直接提供给配销中心补货的参考资料。

2. 目标完成率测算

要了解一段时间后销售目标的完成程度，旬、月、季的销售累计资料应定期做出来，作为各阶段努力的标杆。

当然，除业绩外，目标的制定、对整体经营环境较深刻的认识和切合公司的发展目标等因素，都将对目标完成率产生不同程度的影响。

3. 营业额成长率分析

卖场经营所需的人力及各项费用都在逐年增加，因此，经营成效也必须随之增加，否则将不堪负荷。营业绩效成长率也就成为测评业绩是否增长的最基本的指标。指标分别为营业额成长率和毛利额成长率。

①营业额成长率计算

[公式]

营业额成长率 = 本年某期成长营业额 ÷ 去年同期营业额 ×100%

[举例1]

某卖场2015年5月营业额为125万元，2014年该月营业额为130万元，则其营业额成长率为是多少？

[计算]

营业额成长率 = 本年某期成长营业额 ÷ 去年同期营业额 ×100%

　　　　　　= 125万 ÷ 130万 ×100%

　　　　　　= 96.15%

[举例2]

某卖场2015年6月营业额为140万元，2014年该月营业额为130万元，则其营业额成长率为多少？

[计算]

营业额成长率 = 本年某期成长营业额 ÷ 去年同期营业额 ×100%

　　　　　　= 140万 ÷ 130万 ×100%

　　　　　　= 107.69%。

②毛利额成长率计算

[公式]

毛利额成长率 = 本年某期成长毛利额 ÷ 去年同期毛利额 ×100%

例如：某店2016年3月毛利额为68万元，2015年该月毛利额为65万元，则其毛利额成长率为多少？

[计算]

毛利额成长率 = 本年某期成长毛利额 ÷ 去年同期毛利额 ×100%

　　　　　　=68 ÷ 65 ×100%

　　　　　　=104.62%

[举例3]

2009年7月某卖场毛利额为53万元，2008年该月毛利额为65万元，则其毛利额成长率为多少？

[计算]

毛利额成长率 = 本年某期成长毛利额 ÷ 去年同期毛利额 × 100%

= 53万 ÷ 65万 × 100%

= 81.54%

营业额成长率需和每人经营成长率互相比较，才知真实率是多少。如每人经营率是否与营业额成长率同步？若是，即增加对人员的投资，带来营业效益；若否，增加人员的投资，将侵蚀公司的营业利润。

此外，营业额成长率也必须与毛利额成长率相比较，方知营业额成长是否为公司带来实质的效益。若只是营业额成长，但是，毛利额却减少，对公司经营来说，势必造成沉重的负担。

4. 商品销售分析

商品销售经统计后，渐渐可以知道哪些商品卖得比较好，哪些商品卖得比较差。卖得较差的商品，原因到底在哪？通过实际了解和分析，可以让我们及时做出决策上的思考判断：是不是产销作业的处理过程出现问题？是商品的花色、款式、尺码、规格的规划错误？还是商品配置不当？卖得比较好和卖得比较差的商品是不是要做追加或停产？卖得比较好的商品要不要调整营业店，让商品集中在卖得好的店中，是否卖得更快？卖得比较差的商品是不是要有促销方案，让商品在当季就可以得到最迅速的处理？

商品销售百分比 = 商品销售量 ÷ 商品库存量 × 100%（可以了解库存商品的销售情况）

商品销售百分比 = 商品销售量 ÷ 商品进货量 × 100%（可以了解新进商品的销售情况）

商品销售百分比在产销报表中应做针对不同等级的管理，让商品销售的成果易于追踪管理。

5. 商品销售毛利率分析

$$商品销售毛利率 = 商品毛利 \div 商品营业额 \times 100\%$$

了解各商品的销售毛利率，便能淘汰弱势、低毛利率的商品，增加强势、高毛利率的商品。

如某商品营业额为 125000 元，毛利为 75000 元，则其销售毛利率为 60%。分别求出各商品的毛利率，毛利率按高低排列，就可看出哪些商品值得投资，而哪些商品应淘汰。

6. 商品规划的参考

销售结果得到统计分析后，可作为下一季商品采购或生产的参考依据。比如，商品销售比例是否吻合销售目标？是否在下一季需要调整商品构成的比例？商品的花色、成分、款式、价位、尺码规划比例是否满足营业的需求？各营业店的商品配置是否恰当？这些市场的反应，通过销售资料的统计分析都可窥出端倪。

7. 评估促销活动成果分析

促销活动是在某一特定时间内针对某一事件的销售活动，如装修后开幕、年庆、节庆（情人节、母亲节、父亲节等）、新商品上市、季末清仓等，可将回馈的销售资料作为对活动成果评估的基础。

数据会说话：店铺核心关键指标分析

零售店铺应该踏踏实实地把小数据用好。如何提升业绩，要掌握并分析好 12 个数据指标。

关键指标 1：营业额

营业额是指在一定时间内通过销售商品而发生的最初销售额的总和，是卖场的血液，没有了营业额，那么，其他的毛利额、纯利益就都谈不上了。

店面经营中与营业额对接的指标是毛利额与纯利润，它们三者之间的先后顺序为：营业额→毛利额→纯利额，一切以营业额为最重要的指标，先将营业额带动起来才能够按部就班地往下继续进行。

对卖场中销售总额分析的目的我们可以总结如下：

1. 分析实际营业额与目标

对于营业额目标，每一个人所抱的态度都不同：有些人所抱的态度是完成也好、不完成也好，一点都不放在心上；而有些人则是抱着努力去做，能达成最好，不能达成的话下个月再来也没有关系，别给自己太大的压力；但也有一种人，他们拥有坚韧不拔的精神，只要抓住目标就会坚持到最后、从不放弃，从月初的第一天开始到月底的最后一天，每一天都对目标抱着兢兢业业的态度，认真负责地完成与目标有关的事，将完成目标当成是唯一的选择。

很多经营者没有办法如期完成目标，并不是因为目标无法完成，而是因为对目标过早地放弃。当过了第一个星期之后，他们发现进度落后，所以心中着急；过了第二个星期之后，他们发现进度依然没有跟上，所以心中生气，情绪不佳；到了第三个星期，他们发现进度早已经严重落后，所以心灰意冷；最后虽然还有一个星期的时间可以努力、扭转劣势，但是，他们心中却早已做好目标已经无法完成的打算，甚至已经在为下一个月做新的打算了。提早规划好新的目标没有错，但是，如果心里都已经打算好放弃这一个月的目标了，那么，这一个月的目标自然就从这一刻开始彻底被放弃了。

如果用这样的态度对待目标，最后只会造成每个月都无法达成目标，结果对于自己所定下的目标丧失信心，并且开始怀疑目标的真实性、实用性和必要性，当产生怀疑时，自然脚步也就跟着停了下来。

其实，之所以会产生这种状况，大多数时候根本就不是目标的问题，因为这个目标是专卖店和代理商之间共同制定的结果，绝对不是随随便便喊出来的一个数字。因此，正确认知是：营业目标是追出来的，而不是等出来的。目标是我们在克服问题之后完成的，而不是等问题自动消失之后才继续实现的。

我们来看一组数据，如表 3-1 所示。

表 3-1　店铺销售数据

店铺类别	2014 年销售总额	构成比	2015 年销售总额	构成比
A 店	60 万元	33.3%	68 万元	35.8%
B 店	50 万元	27.8%	54 万元	28.4%
C 店	70 万元	38.9%	68 万元	35.8%
总计	180 万元	100%	190 万元	100%

从表 3-1 中可能会一下得出结论：某零售公司的三个店铺 2015 年比 2014 年多做了 10 万元的业绩，由此得出 2015 年销售总额比 2014 年销售总额有所增长。但是，如果只看见这样的结果是不正确的，这样的结论并没有真正发挥出这些数字的功能，因为这些看似简单的数字所代表的意义绝对不仅是这些，比如说我们是否从两个前后年度销售总额上的差异、构成比上的改变当中得到些启示？甚至更积极地从中获得下一个年度应该进步的方向，并且以此激励、提醒自己一年要比一年进步，一年要比一年更加成熟、稳健。只顾着看表面的数字而不去分析，会造成我们轻易地就被数字的表象所蒙蔽，终究看不清事实真相；就跟一个店长不常去库房走动，只是看数字上的报表，最后库房管理一定是一片混乱，账面和实际产生极大的误差。如果 2015 年度销售额的增加并不是因为商品的销量增加所产生的，而是因为物价指数增长或是商品单价的调高的结果，那么，这样的销售额增长就无法完全代表店铺销售额真正的增长。如果我们完全不考虑这些，反而只注意到单纯的数字变化，那么，我们就会在数字中完全迷失方向。

目标完成有其完成的原因，目标没有完成也会有没有完成的理由，即使只是小小的差距都值得我们去研究，都应该负责任地将原因找出来。所以，成熟的卖场经营者或是店长都应该先抛开所有正面与负面情绪的影响，根据增长和消退的项目就事论事地进行分析，并且从中成长，扩大思维的层面，将好的地方做出记录保留下来，将不好的地方也做出记录，避免未来再犯相同的错误。如此一来，店铺才能够在经验的积累当中不断茁壮成长。

2. 分析影响营业额的因素

如果单纯是以营业额来看卖场经营的话，营业额就只是一个数字的概念，能从中得到的信息有限，但如果是以营业额的计算公式来考量的话，那么，我们就可以得到多种用以提升营业额的工作方法。我们以服装卖场的销售额为例进行说明。

我们知道，销售总额的公式为：

$$销售总额 = 零售价 \times 实际售出数量$$

在这个公式中，决定实际售出数量的因素很多，例如：顾客的客流量、入店率、顾客接触率、产品试用率、成交率、客单价、回头率、转介绍率等。因此，销售总额的公式可以转变如下：

销售额＝客流数 × 入店率 × 深度接触率 × 试用率 × 成交率 × 客单价 × 回头率 × 转介绍率

为了正确地把握自己的工作方向，完成提升营业额的这个目标，全面性考虑营业额所组成的要素是必要的，也许从单个因素上去突破也会有所收获，但那毕竟还是单方向的考量，无法对营业额做到最大的提升。因此，对决定实际售出数量的每一个因素都要仔细分析，例如，目前的状况如何？可不可以更好？如果可以，应该要如何做出调整？当然，要做出这些分析，店铺最基本的工作就是要做出这些数据的统计。如果没有了这些最基本的数据，那么，营业额的公式就起不到什么积极的作用了。

3. 计算分析营业额

怎样计算、分析店铺营业额？这些因素的变动是如何影响到营业额的呢？我们以一家服装卖场为案例来进行说明。

某服装店铺的面积是150平方米，店铺经营一年的成本费用共为30万元，进货折扣率是45%，平均销售折扣为8.8折，并且春夏季营业额占年总营业额的40%，一件春夏季衣服的平均价格是350元，春夏季客流量日均1800人，进店率为5%，成交率为10%，平均客单件为1.2件/人，库存率为15%。

通过这些数字，我们来计算怎样提高店铺营业额。

计算过程一：店铺实际年利润

首先我们来计算这家服装店日均客流量1800人、进店率为5%、成交率为10%、客单件为1.2件/人、库存率为15%情况下的营业额情况。

因为进店率为5%，那么，该家店铺平均每天进店的顾客数为：

$$1800 人／天 \times 5\% = 90 人／天$$

成交率为10%，那么，每天店铺达成成交的人数为：

$$90 人／天 \times 10\% = 9 人／天$$

该家店铺客单件为 1.2 件/人，那么，每天销售的衣服件数为：

1.2 件/人 ×9 人/天 =10.8 件/天 ≈ 11 件/天

以春夏季 180 天计算，春夏季的销售服装的数量为：

180 天 ×11 件/天 =1980 件

每件衣服正价是 350 元，那么，春夏季按正价销售服装，金额为：

1980 件 ×350 元/件 =69.3 万元

春夏季营业额占总营业额的 40%，那么，全年按正价销售服装金额为：

69.3 万元 ÷40%=173.25 万元

库存率为 15%，那么，订货金额为：

173.25 万元 ÷（1-15%）=203.82 万元

库存为：

203.82 万元 ×15%=30.57 万元

又因为一年销售出服装的平均折扣是 88%，那么，实际营业额为：

173.25 万元 ×88%=152.46 万元

进货成本为：

173.25 万元 ×（1-45%）=95.29 万元

又因为开店成本是 30 万元，所以，可算出这家店铺全年的净利润为：

152.46 万元 -95.29 万元 -30 万元 =27.17 万元

因为进货折扣率是 45%，那么，价值为 30.57 万元的库存服装实际动用的资金为：

30.57 万元 ×（1-45%）=16.8 万元

该家店铺实际利润为:

$$27.17\ 万元 - 16.8\ 万元 = 10.37\ 万元$$

计算过程二:改变影响因素后的店铺利润

在计算该家店铺全年的利润时,因为涉及客流量、进货折扣率、销售折扣、进店率、成交率、客单件、库存率以及开店成本等各项数据,在这些数据中,客流量和进货折扣率受外界影响,我们称为外围因素,而销售折扣、进店率、成交率、客单件、库存率受自身因素影响,我们称为内在因素。作为店铺的管理者,这些内在因素可以通过自身的努力,随着管理水平、销售水平的提高来解决。在上例中,影响营业额的因素见表3-2所示。

表3-2 影响营业额的因素

库存率	成交率	客单价/(件/人)	进店率	利润/万元
15%	10%	1.2	5%	10.37万元

(1)降低库存率为10%

因为全年正价销售金额为173.25万元,那么,订货额为:

$$173.25\ 万元 \div (1-10\%) = 192.5\ 万元$$

库存为:

$$192.5\ 万元 \times 10\% = 19.25\ 万元$$

库存占用资金为:

$$19.25\ 万元 \times (1-45\%) = 10.59\ 万元$$

又因为实际营业额为152.46万元,进货成本为95.29万元,开店成本为30万元,那么,这家店铺一年的利润为:

$$152.46\ 万元 - 30\ 万元 - 95.29\ 万元 - 10.59\ 万元 = 16.58\ 万元$$

（2）降低库存率为10%，提高成交率为12%

我们来计算这家服装店在日均客流量1800人，进店率为5%，成交率为12%，客单件为1.2件/人，库存率为10%情况下的营业额情况。

因为进店率为5%，那么，该家店铺平均每天进店的顾客数为：

$$1800人/天 \times 5\%=90人/天$$

成交率为12%，那么，每天店铺达成成交的人数为：

$$90人/天 \times 12\%=10.8人/天$$

该家店铺客单件为1.2件/人，那么，每天销售的衣服件数为：

$$1.2件/人 \times 10.8人/天=13件/天$$

以春夏季180天计算，春夏季的销售服装的数量为：

$$180天 \times 13件/天=2340件$$

每件衣服正价是350元，那么，春夏季按正价销售服装，金额为：

$$2340件 \times 350元/件=81.9万元$$

春夏季营业额占总营业额的40%，那么，全年按正价销售服装，金额为：

$$81.9万元 \div 40\%=204.75万元$$

库存率为10%，那么，订货金额为：

$$204.75万元 \div (1-10\%)=227.5万元$$

库存为：

$$227.5万元 \times 10\%=22.75万元$$

又因为一年销售出服装的平均折扣是88%，那么，实际营业额为：

$$204.75万元 \times 88\%=180.18万元$$

进货成本为：

$$227.5 \text{ 万元} \times (1-45\%) = 125.13 \text{ 万元}$$

又因为开店成本是 30 万元，所以，可算出这家店铺全年的净利润为：

$$180.18 \text{ 万元} - 125.13 \text{ 万元} - 30 \text{ 万元} = 25.05 \text{ 万元}$$

（3）降低库存率为 10%，提高成交率为 12%，提高客单件为 1.4 件 / 人

运用上面的计算方法计算得出该店铺营业额为 207.9 万元，实际利润为 19.08 万元。

因为进店率为 5%，那么，该家店铺平均每天进店的顾客数为：

$$1800 \text{ 人 / 天} \times 5\% = 90 \text{ 人 / 天}$$

成交率为 12%，那么，每天店铺达成成交的人数为：

$$90 \text{ 人 / 天} \times 12\% = 10.8 \text{ 人 / 天}$$

该家店铺客单件为 1.4 件 / 人，那么，每天销售的衣服件数约为：

$$1.4 \text{ 件 / 人} \times 10.8 \text{ 人 / 天} \approx 15 \text{ 件 / 天}$$

以春夏季 180 天计算，春夏季的销售服装的数量为：

$$180 \text{ 天} \times 15 \text{ 件 / 天} = 2700 \text{ 件}$$

每件衣服正价是 350 元，那么，春夏季按正价销售服装，金额为：

$$2700 \text{ 件} \times 350 \text{ 元 / 件} = 94.5 \text{ 万元}$$

春夏季营业额占总营业额的 40%，那么，全年按正价销售服装，金额为：

$$94.5 \text{ 万元} \div 40\% = 236.25 \text{ 万元}$$

库存率为 10%，那么，订货金额为：

$$236.25 \text{ 万元} \div (1-10\%) = 262.5 \text{ 万元}$$

库存为：

$$262.5 \text{万元} \times 10\% = 26.25 \text{万元}$$

又因为一年销售出服装的平均折扣是88%，那么，实际营业额为：

$$236.25 \text{万元} \times 88\% = 207.9 \text{万元}$$

计算进货成本为：

$$262.5 \text{万元} \times (1-45\%) = 144.38 \text{万元}$$

因为开店成本是30万元，所以，可算出这家店铺全年的净利润为：

$$207.9 \text{万元} - 144.38 \text{万元} - 30 \text{万元} = 33.52 \text{万元}$$

因为进货折扣率是45%，那么，价值为26.25万元的库存服装实际动用的资金为：

$$26.25 \text{万元} \times (1-45\%) = 14.44 \text{万元}$$

则可以算出这家店铺实际利润为：

$$33.52 \text{万元} - 14..44 \text{万元} = 19.08 \text{万元}$$

（4）降低库存率为10%，提高成交率为12%，提高客单件为1.4件/人，提高进店率为6%

运用上面的计算方法计算得出该店铺营业额为249.48万元，实际利润为28.9万元。

因为进店率为6%，那么，该家店铺平均每天进店的顾客数为：

$$1800 \text{人/天} \times 6\% = 108 \text{人/天}$$

成交率为12%，那么，每天店铺达成成交的人数为：

$$108 \text{人/天} \times 12\% \approx 13 \text{人/天}$$

该家店铺客单件为 1.4 件 / 人，那么，每天销售的衣服件数为：

$$1.4 \text{ 件} / \text{人} \times 13 \text{ 人} / \text{天} \approx 18 \text{ 件} / \text{天}$$

以春夏季 180 天计算，春夏季的销售服装的数量为：

$$180 \text{ 天} \times 18 \text{ 件} / \text{天} = 3240 \text{ 件}$$

每件衣服正价是 350 元，那么，春夏季按正价销售服装的金额为：

$$3240 \text{ 件} \times 350 \text{ 元} / \text{件} = 113.4 \text{ 万元}$$

春夏季营业额占总营业额的 40%，那么，全年按正价销售服装的金额为：

$$113.4 \text{ 万元} \div 40\% = 283.5 \text{ 万元}$$

库存率为 10%，那么，订货金额为：

$$283.5 \text{ 万元} \div (1-10\%) = 315 \text{ 万元}$$

库存为：

$$315 \text{ 万元} \times 10\% = 31.5 \text{ 万元}$$

又因为一年销售出服装的平均折扣是 88%，那么，实际营业额为：

$$283.5 \text{ 万元} \times 88\% = 249.48 \text{ 万元}$$

进货成本为：

$$315 \text{ 万元} \times (1-45\%) = 173.25 \text{ 万元}$$

又因为开店成本是 30 万元，所以，可算出这家店铺全年的净利润为：

$$249.48 \text{ 万元} - 173.25 \text{ 万元} - 30 \text{ 万元} = 46.23 \text{ 万元}$$

将上面的计算整理后见表 3-3 所示。

表 3-3 影响营业额的因素

库存率	成交率	客单价 /(件人)	进店率	利润 / 万元
10%	12%	1.4	6%	46.23

上面的计算过程是通过对影响营业额的库存率、成交率、客单件、进店率四项因素进行小幅度的调整，使营业额发生比较大的变化。当把库存率降低 5 个百分点时，店铺的利润增长为 16.58 万元；当库存率降低的时候，把成交率提高 2 个百分点，这个时候店铺的利润增长为 25.05 万元；在此基础上，当我们把客单件提高到 1.4 人 / 件时，店铺的利润增长到 33.52 万元；最后，我们再把进店率提高到 6% 时，店铺的利润增加到 46.23，增长了 35.86 万元，有了很大的涨幅。

从上述分析可以看出，我们在分析影响店铺营业额的因素时，每一项影响因素的微调都会使店铺的利润有很大的提升。

关键指标 2：店铺平效

"平效"就是指终端卖场 1 平方米的效率，即平米平效，主要是作为评估卖场实力的一个重要标准。平效是作为年度营业目标确认的方法出现的，现在我们来分析平效这一重要作用。

"平效"可以计算年度平效，也可计算月度平效来衡量店铺能力。当然，平米效率越高，卖场的效率也就越高，同等面积条件下实现的销售业绩也就越高。

[公式]

平效 = 一段时间内销售累计额 ÷ 营业面积

[举例]

如某卖场 3 月营业额为 125 万元，该店营业面积为 10 平方米，那么，本卖场每平方米经营效率为多少？

[计算]

平效 = 一段时间内销售累计额 ÷ 营业面积

=125 万 ÷ 10 平方米

=12.5 万元 / 平方米。

了解平效并调整每平方米经营效率差的营业面积的商品结构，把销售差或创造利润差的商品淘汰，或者变更卖场位置和缩减面积；并扩大强势商品展售面积，增加强势商品的组合。

平效是零售商场评估品牌的第一指标，也能评估一家店铺的生产力，反映库存与销售是否成正比。一家店铺的平效出问题，反映这家店铺人、店、货三方面都出问题。

"平效"还可以在确定销售目标之后，检查这一卖场是否可以实现制定的目标，方便指导销售目标或者是卖场商品展示空间的调整。

首先，应该计算一下到目前为止店铺的平米效率。

然后，再根据预算营业目标结合店铺实际面积计算一下，为了达成这个目标平均 1 平方米应该承担多大销售金额。如果营业目标在店铺面积没有发生改变的情况下为上一年度的 1.3 倍，那么，为了完成这一新的目标，平均 1 平方米展示的商品就需要通过改变陈列方式增加为原来的 1.3 倍，或者是通过营销方法的改变使商品回转率增加到原来的 1.3 倍。这样分析，我们就可以预先判断实现目标的可能性。

其次，我们还有必要从公司整体的角度、不同区域的角度、商品种类的角度等分别计算"平效"，以便掌握不同的卖场效率，指导我们进行正确的数据分析，从而制定正确的调整政策。

当店铺平效低时，我们应该思考橱窗及模特是否大部分陈列了低价位的产品？导购是否一致倾向于卖便宜的产品？黄金陈列位置的货品销售是否不佳？店长是否制定了每周的主推货品，并对员工做主推货品的卖点培训？具体内容见表 3-4 所示。

表 3-4 提高平效要考虑的因素

管理要点	调整因素
货品管理	商品组合应考虑的因素： ①店铺位置。 ②顾客的需求、类别占比。 ③店铺类别——商场、专卖店（货品有区别）。 ④货品推广。 ⑤销售预估。 ⑥库存量（备货）。
陈列管理	对的货品要摆在对的地方。货品陈列的原则： ①结合报表分析订立主题、主推货品。 ②结合库存确定是否加大陈列面积。 ③结合产品特性作陈列展示。 ⑤相关货品整体颜色的搭配。

关键指标 3：客流量、客单价

判断门店经营的好坏不能仅从销售数据上进行判断，在营业额这个关键指标中我们提到提升营业额的因素很多，其中有两个非常重要的数据，即客单价（平均交易金额）和客流量（交易笔数）。有效顾客（即实现消费的顾客）数高说明店铺的商品、价格和服务能吸引、满足消费者的需求；客单价高说明店铺的商品能满足消费者的一站式购物心理，商品陈列的相关性和连贯性能不断地激发消费者的购买欲望。

目前，多数零售版软件都具备了门店客单价和客流量的分析功能，店铺管理者应该把分析客单价及客流量作为每天工作的一个重要内容，从而进行门店精细化管理。

案例链接：

我们以便利店的销售来分析客流量与客单价对店铺业绩的作用及改善方式。

表 3-5 是一个门店的销售业绩，我们根据表中的数据进行分析。

表 3-5 门店销售数据

门店	销售单位（元）	面积（平方米）	客单价（元）	客流量（人次）	日均销售（元）	平效	门店类型
一店	158692.3	75	13.13	403	5289.74	2115.90	1、2、3
二店	85389.82	55	5.44	523	2846.33	1552.54	4、9
三店	240127.4	180	10.92	733	8004.25	1334.04	1、2、8
四店	85402.2	67	11.71	243	2846.74	1274.66	5、10
五店	63522.49	65	7.28	291	2117.42	977.27	2
六店	59346.3	35	12.68	156	1978.21	1695.61	5
七店	58773	100	7.18	273	1959.10	587.73	1、2、3、7
八店	136761.3	55	9.43	484	4558.71	2486.57	1、5、8
九店	167573.9	120	9.97	560	5585.80	1396.45	1、4、6、8
十店	163051.2	125	9.21	590	5435.04	1304.41	1、3、5
十一店	84502.15	65	6.61	426	2816.74	1300.03	2、4
十二店	175789.4	220	12.79	458	5859.65	799.04	1、6、8
十三店	90376	102	7.12	423	3012.53	886.04	2、8
十四店	67887.3	32	4.01	565	2262.91	2121.48	4
合计	1601843	1316		6015	53394.75	1217.21	
平均	114417.3	94	8.88		3813.91		

店铺的类型：
1. 交通要道；2. 老居民区；3. 商业区；4. 学校；5. 新居民区；6. 城乡结合地；7. 附近有大型超市（500米范围内）；8. 购物不方便地带；9. 医院；10. 专业市场。

（1）门店经营状况分析

先从地理位置上看，从以上数据得出：

①因为消费力不强，位于纯粹老居民区的门店销售不好，如五店、七店。

②新居民区门店虽然客流量较差，但是，由于消费力较好，所以，客单价高，如四店、八店、十店。

③位于学校的门店虽然客交易量大，但是，客单价偏低，如二店、十四店。

④新居民区、商业区、交通要道结合地的门店综合数据较好，如一店、三店、八店、十店。

⑤购物不方便的地方因为体现了"在不方便的地方提供便利",综合数据较好,如三店、九店、十二店。

⑥邻近有大型综合超市的门店销售受到的影响大,如七店。

(2)有问题的门店(低于平均水平的店)

①客交易金额偏低的门店有:二店、五店、七店、十一店、十三店、十四店。

②客交易量偏低的门店有:一店、四店、五店、六店、七店、十一店、十三店。

③平效偏低的门店有:五店、七店、十二店、十三店。

得出问题最大的门店是:五店、七店、十一店、十三店。因此,哪些门店是随后管理的重点,从上面的分析应该就可以一目了然。在圈定了有问题的门店后,我们来看应该采取什么样的手段去改善门店的管理,提高经营业绩。

第一步,通过上面的数据,我们分析影响客流量的因素及改进提高方式。

①门店的直观吸引力(装修、招牌、灯光以及整洁度、清洁度等)。一个门店,如果说门面非常的破旧,灯光昏暗,卖场乱七八糟,和周边的店没有两样,顾客会觉得在哪里买东西都可以,又何必到我们的店来呢?况且,形象上的赏心悦目本身就具备强烈的视觉冲击力,对顾客有直接的引导效果。有的门店因为开店时间较长,再加上督导不力,才会造成这种现象。

②商品陈列的方式、店面布局有问题。便利店是一个快速作业且顾客自选商品的业态,如果商品配置陈列不合适,顾客找不到或者很不容易找到需要的商品,以及通道走向上存在问题,给顾客购物造成麻烦及不方便,那么,顾客再来的机会就很少。商品应该放在什么位置,这个是在布局的时候首先要考虑的问题。并且,门店营业以后,门店的责任就是随时要提供顾客的消费习惯、意见等信息给公司参考,便于公司做出方案及时调整。这是影响门店客流量的一个非常重要的因素,督导部门应该在巡店的时候引起高度重视。另外,门店悬挂物品的规范也是陈列布局的一个方面,这也是区别于一般小店的一种重要的手段。

③商品不能适销对路。不了解顾客的需求,凭感觉铺货、要货,顾客要的商品没有,顾客不需要的商品充斥整个门店,顾客不上门也就不足为奇了。这主要是因为对于消费需求及周边环境调查不力造成的。前期是商

品部及配送中心一相情愿的因素，后期是门店经营闭门造车及督导不力的结果。

④商品的种类少，空架率高。对于商品陈列丰富的门店，即使陈列混乱一些，但顾客的感受就是：这个商店东西很丰富、齐全，肯定有我要的东西。而顾客进店如果看到这个架子商品也缺，那个架子是空架，第一感受就是：这个门店什么东西都没有，我不买了，下次也不来了。这个问题的产生和店长的管理有较大关系。不能及时把商品定单传到配送中心，货卖完了才想起订货，货架自然要空了。当然，督导的责任也较大。另外，就是配送中心的配送效率问题，不把门店的货及时配出，门店要的货由于缺货配不了，也会导致门店空架。

⑤商品价格不合理。我们都认同价格不是便利店竞争的主要问题，但是具体问题要具体分析。对于处在老居民区的门店，由于生活水平低，买东西的都是些老人，如果要追求高毛利，销售必然上不来。这也给拓展部选址人员一个明确的概念：纯粹居民区的门面对于便利店来讲不是好门面。还有，如果周边小店或者摊贩特别多，比方香烟，价格上也不能按照标准的价格去做。另外，对于商品部也提出了要求：这个地方同样商品的价格为什么比我们低这么多？就迫使商品部人员与供应商谈判或者采取直营采购等措施。

⑥员工的服务态度和服务水准、质量有问题。员工素质差、对商品不熟悉、不了解公司的规章制度等因素会导致顾客对员工的服务不满意，抱怨、甚至投诉，会给公司造成信誉上的打击；同时，由于好事不出门，坏事传千里，处理不好会导致客源逐渐流失。人无完人，再完善的卖场都有服务上出问题的时候。这个也是管理者一直非常挠头的问题。问题的关键在于卖场的人力资源政策是否完善，人力准备是否充分。如果将一个什么培训课都没有参加或者什么服务经验都没有的员工派到店里，很难不出问题。而事后的亡羊补牢也必须要及时，不能拖，督导部门对于这些问题一定要严格处理，不然会造成整体的影响。

⑦员工工作心态有问题。有时候员工会因为薪资问题、素质问题（如内盗、收银员异常收银）导致员工之间的关系不协调，店长的能力及频繁调动等问题会导致员工心态失常。其结果就是造成员工的服务出现问题。在这样

的情况下，如果不及时进行调查处理，店面的销售会直线下降。

⑧员工的亲和力有问题。员工的亲和力是一个营销手段的问题。有几个门店本来销售上如果按照常规是没有那么好的，如第八店，在亲和力上，这几个门店的员工做得比较到位。因为所在门店熟人较多，即使是不熟悉的顾客，她们基本都习惯了用一些比较亲切的称呼与他们打交道，使得顾客就非常认同门店。门店应该随时加强这方面的培训和教育，让员工形成习惯。

⑨周边的竞争有较大影响。在固定居民占主导消费的门店，一般夫妻店及摊贩都比较多，尤其是大型社区存在大型超市的话，所在地门店的销售就要吃紧了。要改善状况就比较复杂，就必须在综合价格调整、员工服务及服务性差异化方面去体现。表现出竞争者无法竞争和对比的优势来。

⑩公司的促销活动不到位。促销包括整体促销和店面促销两个方面。虽然便利店比较分散，促销活动难以过多体现，但是，对于新店开张的宣传以及定期的一些常规的活动还是要做的，这样才能及时将门店推广出来让顾客接受。另外，店面广告、POP以及重点商品的推广也是促销的内容之一。并且，通过促销能够体现出一般小店无法比拟的统一及正规优势。

⑪服务性项目的设置不是很合理、有效。便利店的核心就是在功能、服务上与其他小店的不同。如干洗、公用事业费用代收、充值卡销售、鲜花、茶叶蛋、爆米花、药品、票务、邮寄、书刊杂志、送货上门等服务项目，让顾客除了能够买到自己急需的商品外，还能够得到方便的服务，同时，也因为这些项目的设置带动店面的销售。当然，不能够完全照搬一种标准的模式，要根据实际的状况和位置特点设置合适的项目。服务性项目的设置也是体现门店差异化的一种方式。

第二步，通过对客流量低的门店进行判断，看一下这些门店目前的状况符合上述哪些现象，见表3-6所示。然后才能对症下药，针对问题采取措施，及时解决。

表 3-6　门店症状表述

问题	一店	四店	五店	六店	七店	十一店	十三店
门店的吸引力	☆	☆			☆		
商品陈列布局			☆	☆	☆	☆	☆
商品空架率						☆	
商品价格、消费率			☆		☆		☆
商品的差异化			☆	☆	☆	☆	☆
员工服务态度、质量	☆				☆	☆	☆
员工工作心态				☆	☆		
员工的亲和力	☆		☆		☆	☆	
周边的竞争			☆		☆		
促销活动			☆		☆		
服务性项目的设置	☆	☆		☆		☆	☆

第三步，分析影响客单价的原因及提高方式。

①商品的陈列问题。前面在讲影响客流量的因素的时候也说过这个问题，但重点是布局方面，是具体的商品陈列，该如何陈列的问题。基本的陈列方式诸如商品排面的大小、空间、紧凑程度都是影响商品销售的重要因素，我们在这里不过多阐述。而提高客单价的核心方式就是"关联陈列"，即根据商品之间的关联因素以及顾客的消费习惯进行合理陈列，引起顾客的直接注意，从而增大客单价上升的机会。有一个权威研究报告表明，顾客70%以上的购买决定是在商店内做出的，这个比例就要看你的商品是否具备足够的注视程度。我们可以设想一下：一个女性顾客进入门店后，如果一开始只是想买一包饼干，但是，在选的过程中看见了饮料，觉得吃了饼干会口渴，顺便就拿了一瓶饮料，这样客单价是不是就有了提高？因此，饼干和饮料这两种关联性大的类别就应该尽量放在同一个地方。

②员工的推销技巧。很多人都听说过这么一个经典的案例：一个本来只想买一包止痛药的顾客到一个百货公司后，被卖药的那个员工推销了完全和药品不相干的价值五万多元的商品。也许这个故事不是真的，但至少说明了

推销技巧的重要性。员工本身的素质、敬业态度、工作热情、对商品和价格的熟悉程度决定了推销技巧的好坏,因此,相关的培训教育必不可少。

③促销活动的影响。在这里主要谈的是采取何种促销方式提高客单价。如果门店的客单价平均不到9元钱,那我们就可以不定时采取单票买满10元就赠送或者换购某些商品的活动,以此来提高顾客的交易金额。特别是针对客单价偏低的门店,这类活动应该重点推广甚至有针对性地来做。另外,折价券、积点返利、积分卡等方式都是提高客单价的有效手段。

由上文的分析,我们可以做出随后的工作布置:

①人力资源部:储备人员到位,并针对公司的规章制度、服务态度、技巧安排全体员工的相关培训,同时,商品部安排相关的商品内容培训,让员工尽快熟悉商品及价格。培训完后进行考核,重点针对有问题的门店、不合格的人员予以辞退更换。

②督导部:重点对五店、七店、十一店、十三店在一周内拿出调整方案,进行商品布局店、陈列的调整;对四店、六店、七店、十一店、十三店、十四店加强服务质量店、推销技巧方面的督导;安排拓展部对一店、四店的店容进行整改。

③商品部:对五店、七店、十三店拿出价格调整方案,并尽快完善服务性项目的谈判及引进。

④配送中心:加快配送效率,进一步规范库存卡的填写,便于更好地掌握库存。

⑤企划部:做出本月促销计划并执行。

通过以上的案例,我们应该知道了如何通过客单价和客流量来进行门店的管理。虽然分析针对的是便利店,但是,同样的方式对于大店也一样有效。在大店里,可以针对不同部门的客单价及客流量进行分析(不同时间段的对比),根据分析找出原因,有重点地对出现的问题对症下药、进行管理,而非胡子、眉毛一把抓。

关键指标4:同比

同比就是今年第 n 月经营状况与去年第 n 月经营状况比。同比发展速度主要是为了消除季节变动的影响，用以说明本期发展水平与去年同期发展水平对比而达到的相对发展速度。如，本期 2 月比去年 2 月，本期 6 月比去年 6 月等。在实际工作中，经常使用这个指标，如某年、某季、某月与上年同期对比计算的发展速度，就是同比发展速度。

[公式]

$$同比 = 本年 n 月数据 \div 去年 n 月数据 \times 100\%$$

$$同比增长率 = （本期数 - 同期数）\div 同期数 \times 100\%$$

[举例]

某公司营业额同期比，2015 年 10 月份营业额为 15 万，2014 年 10 月份营业额为 10 万，该公司的同比及同期增长率为多少？

[计算]

同比计算：

同比 = 本年 n 月数据 ÷ 去年 n 月数据 × 100%

　　= 15 ÷ 10 × 100%

　　= 150%

同比增长率计算：

同比增长率 =（本期数 - 同期数）÷ 同期数 × 100%

　　　　　=（15 - 10）÷ 10 × 100%

　　　　　= 50%

关键指标 5：环比

环比就是现在的统计周期和上一个统计周期比较。例如 2014 年 7 月份与 2015 年 6 月份相比较称为环比。环比发展速度则是报告期水平与前一时期水平之比，表明现象逐期的发展速度。如计算一年内各月与前一个月对比，即 2 月比 1 月，3 月比 2 月，4 月比 3 月……12 月比 11 月，说明逐月的发展程度。环比比同比更说明问题。

[公式]

$$环比 = 1 - 本周数据 \div 上周数据 \times 100\%$$

[举例]

某零售公司2015年全年主营业务收入为395364万元，2008年中期主营业务收入仅为266768万元，二者相减得出下半年主营业务收入为128596万元，再用128596万元除以266768万元，乘以百分之百，便得出该公司报告期主营业务收入环比大幅滑坡48.21%的分析结果。通过环比分析可消除年报缺陷及给投资者造成的误导。

我们再来看表3-7中的一组数据。

表3-7　10月26日~11月8日某店铺两周比较报表

关键数字	本周	上周	环比
销售件数	47	93	-49.46%
销售金额	11963	18471	-35.23%
购买顾客数	31	57	-45.61%
平均附加销售率	1.5	1.62	-7.40%
平均件单价	269	205	31.21%
平均客单价	395	324	21.91%
总进货数量	292	631	
期末库存	1560	1319	

从表3-7中各项指标的环比可看出，本周在平均销售件数和平均客单价环比两项指标上分别上升了31.21%和21.91%，而在这样的情况下，销售金额却比上周销售金额下滑了35.23%，因此，要通过数据分析，找到销售下降的原由及问题点。

通过数据分析，我们不难得出本周有可能上了新货品，并且新货的销售状况并不理想，因为销售件数环比下降了49.46%。

如何提高卖场的销售额呢？补救的措施为以下几点：

①强化员工的新产品推广意识。以级别为导向、考核表为工具、激励为机制的形式进行推广新品活动。

②提升店长的专业技术（例会、各个级别员工的管理与调配、货品有效使用、教练技术）。

③进行 VIP 层级管理（新品时期和折扣时期）。

④促销方案、配合的礼品提前验收。

最后，我们再比较一下同比发展速度和环比发展速度。同比发展速度，一般指本期发展水平与上年同期发展水平对比而达到的相对发展速度。环比发展速度，一般是指报告期水平与前一时期水平之比，表明现象逐期的发展速度。同比和上文的环比，这两者所反映的虽然都是变化速度，但由于采用基期的不同，其反映的内涵完全不同。一般来说，环比可以与环比相比较，而不能拿同比与环比相比较；而对于同一个地方，考虑时间纵向上发展趋势的反映，则往往要把同比与环比放在一起进行对照。

其他关键数据分析

除了以上应该关注的销售数据，店铺中还有一些销售数据值得关注，比如分类货品销售额、前十大畅销款、前十大滞销款、连带率、人效、存销比、VIP占比、销售折扣，见表3-8所示。通过对这些数据的分析找出提升业绩的关键要素，就能更好地改善店铺的经营状况。

表3-8 店铺中的销售数据及作用

店铺数据	分析数据的作用
分类货品销售额	分类货品销售额即店铺中各个品类货品的销售额。通过对分类货品销售额指标的分析，可以了解各分类货品销售情况及所占比例是否合理，为店铺的订货、组货及促销提供参考依据，从而做出更完善的货品调整，使货品组合更符合店铺实际消费情况。了解该店或该区的消费取向，及时做出补货、调货的措施，并有针对性地调整陈列，从而优化库存，利于店铺利润最大化。对于销售额低的品类，则应考虑在店内加强促销，消化库存。比较本店分类货品销售与地区的正常销售比例，得出本店的销售特性，对慢流品类应考虑多加展示，同时加强导购对慢流品类的重点推介及搭配销售能力。
前十大畅销款	①定期统计分析前十大畅销款（每周、月、季），了解畅销的原因及库存状况。 ②根据销售速度及周期对前十大畅销款设立库存安全线，适当做出补货或寻找替代品措施。 ③教导员工利用畅销款搭配平销款或滞销款销售，带动店铺货品整体的流动。
前十大滞销款	①定期统计分析前十大滞销款（每周、月、季），了解滞销的原因及库存状况。 ②寻找滞销款的卖点，并加强对导购进行产品培训，提升导购对滞销品的销售技巧。 ③调整滞销品的陈列方式及陈列位置，避免其在店铺的角落，并配合人员进行重点推介。 ④制定滞销品的销售激励政策（有选择性地实施），如卖出一件滞销款奖励××元。 ⑤对滞销品做出调货、退货或者促销的准备。
连带率	①连带率的高低是了解店铺人员的货品搭配销售能力的重要依据。 ②连带率低，则应立即提升员工的附加推销力度，并给员工做附加推销培训，提升连带销售能力。 ③当连带率低时，应调整关联产品的陈列位置，如把可搭配的产品陈列在相近的位置，在销售时起到便利搭配的作用，提升关联销售。 ④当连带率低时，应检查店铺所采取的促销策略，调整合适的促销方式，鼓励顾客多买。
人效	人效是每天每人的销售额。 ①店铺月人效＝月销售额/店铺总人数/天数。此指标反映了店铺人员的整体销售能力高低与否及人员配置数量是否合理等。 ②人效过低，则须检查员工的产品知识及销售技巧是否存在不足，或排班是否合理，排班应保证每个班都有销售能力强的导购，能提供人效的指标。 ③根据员工最擅长的产品安排其对应的销售区域，能有效提升人效。

续表 3-8

店铺数据	分析数据的作用
存销比	①存销比过高，意味着库存总量或结构不合理，资金效率低。 ②存销比过低，意味着库存不足，生意难以做到最大化。 ③存销比反映总量问题，总量合理未必结构合理，月存销比维持在3~4是比较好的。 ④存销比细分包括各品类货品存销比、新老货品存销比、款式存销比等。
VIP占比	①此指标反映的是店铺VIP的消费情况，从侧面表明店铺市场占有率和顾客的忠诚度，考量店铺的综合服务能力和市场开发能力。 ②一般情况下，VIP占比45%~55%比较好。这时公司的利益是最大化的，市场拓展与顾客的忠诚度都相对正常，且业绩也会相对稳定。若是低于这个数值区间，就表示有顾客流失或者是市场认可度差，店铺的服务能力不佳。若是VIP高于数值区间，则表示开发新客户的能力太弱。假若是先高后低，就表示顾客流失严重。
销售折扣	①销售折扣是反映店铺折让的情况，直接影响店铺的毛利额，是利润中很重要的指标。 ②店铺的营业额很高，并不代表着利润高，应参考销售折扣的高低。若销售折扣比较低，则说明店铺在做促销，店铺的毛利率是很低的，所以，一个店铺毛利的高低和营业额及销售折扣的高低有关。

第三章 与数字一起舞蹈——运用销售数字提升业绩

销售月报表管理

如何将店铺的营销工作做到精细化呢？充分掌握该店铺的销售信息，及时发现问题，采取防控措施便是有效的措施。但在日常工作当中，经常可以看到销售主管为及时了解各店铺的回款结构、销售趋势及库存合理性而犯愁。其实，一张合理、科学的《销售信息月报表》（见表3-9）基本上可以解决这些问题。

表 3-9　店铺销售信息月报表

产品名称	产品规格	1月份				2月份				……			
^	^	本月进货	本月销售	本月库存	本月应收账款	本月进货	本月销售	本月库存	本月应收账款	本月进货	本月销售	本月库存	本月应收账款
产品1													
产品2													
产品3													
产品4													
产品5													
产品6													
……													
合计													

一张合理的销售月报表囊括五大功能

通过某月或者截至某日的各产品（品规）进货结构，可以全面了解该店铺总体进货是否合理，是否存在过度回款现象（即通常所说的压货），同时也可全面了解各产品之间的进货是否合理，是否与公司的重点产品的推广和销售目标一致，是否存在个别产品回款异常现象。

功能一：全面了解销售情况

通过每月的销售情况，可以全面了解公司的每月销售总体情况、各产品销售结构以及在某阶段时期内的销售增长率、环比增长率等，从而发现有望实现销售增长的品种。通过销售回款比可以及时发现销售失衡的品种，为寻找原因、采取有效措施争取最佳时机。

功能二：全面了解库存情况

通过对库存结构的分析，可以发现现有库存总额以及库存结构是否合理，通过库存销售比可以判断是否超过安全库存。如果库存过大，那么，过大的原因何在？是否与分销受阻、竞品有关？这有利于销售主管及时采取措施，加大分销力度、降低库存，避免库存产品因过了失效期而产生退货风险。对低于安全库存的产品，应加大回款力度，避免发生断货现象。

功能三：全面了解应收款

通过报表中的应收款数据，可以发现应收款的产品构成，判断应收款是否为良性，是否超过公司规定的授信额度，是否达到公司规定的死账期限，进而应该采取一定的保全措施，避免公司财产遭受损失。

功能四：为调整销售策略提供依据

通过某段时期的分析，可以发现该客户的销售变化情况、回款情况、库存变化情况，为销售主管及时调整销售策略、完善促销和分销措施、阻击竞品提供有力证据。

功能五：为分配公司资源提供依据

通过长期积累每个店铺的销售月报信息，并不断地结合该店铺竞品销售信息，可以发现此店铺中存在的问题，还可以考量店铺是否有发展扩大的潜力。同时，通过对店铺之间的业绩对比，可以发现重点店铺、潜在店铺、明星店铺，使销售管理人员在店铺管理、分配公司资源时做到有的放矢，发挥资源的最大效应。

当然，要使此表更有效达到上述目的，除了上下高度重视并设计合理、完善的上报及反馈流程外，还应注意以下关键事项。

首先，必须确保报表数据的真实性。这是前提条件，如果信息数据失真，那么将失去它存在的意义，甚至会使销售主管作出错误或者与事实完全相反的判断，进而作出错误的营销决策。因此，业务人员必须本着实事求是的工作态度如实填报。

其次，做此表并分析此表如同收藏古董，贵在坚持。而且，坚持越久，作用越大。因此，切不可半途而废。一般来说，实施此表的上报初期，业务人员操作不熟练，认为填写报表太麻烦，而且难度较大。对此，店铺管理者要有心理准备，不断督察、坚定信心、坚持不懈。

最后，如果能借助一些管理软件，如 ACCESS 等，则可以提高数据处理速度及分析水平。如果再结合网络技术，实施信息共享的话，则是锦上添花，从而使销售信息月报表产生最大作用。

　　值得注意的是，店铺报表不宜设置太多。店铺的主要工作是销售产品，要求填写的报表过多，会给店铺营业人员增加过多的负担，耽误导购接待顾客，影响正常销售活动的进行。

数字化陈列——让商品自动销售

说到卖场陈列，很多人认为应该怎么好看怎么摆放。这种理解恰恰反映出他们对陈列概念的错误理解。

店铺陈列是通过对卖场中的货品、货架、道具、橱窗、通道、灯光、音乐、POP 预先进行有组织性的规划，来达到营销目的的一种手段，最终的目的是实现销售。

商品陈列借助无声的语言实现与顾客的沟通，向顾客传达产品信息、服务理念和品牌文化，以达到促进商品销售、降低库存、树立品牌形象的目的，而最终强调的是通过"商品视觉化"吸引消费者对商品产生兴趣，进而诱导其购买，提高商品消化率。

根据销售数字，合理规划卖场

在规划卖场之前，数据分析必不可少，因为陈列是为营销服务的，这就需要陈列规划人员掌握货品的信息，以此来确定营销思路。比如，经过分析，我们得出近期的夹克销售得不太理想，与往年相比下降了20%，这个现状显然需要提升，夹克也就自然成为了首推产品；另一方面，通过调研得知，最近竞品都在主推单品西服，而我们的单品西服有产品优势，而且订货量也大，因此，次推单品西服。当店铺明确了哪些商品为主推产品，哪些为次推产品，哪些需要重视，哪些只要顺其自然时，只要通过增强组合搭配等方式，再结合产品的特色、风格等信息就可以制定出陈列方案。

1. 前场、中场、后场陈列的销售贡献分析

卖场根据前后位置可分为前场、中场、后场，见图 3-1 所示。在卖场中，前场、中场、后场三个位置段对卖场业绩的贡献率不一样。按照从前到后的顺序销售更效率:前场 > 中场 > 后场;按照从右到左的顺序:右侧 > 左侧。了解了这些规律后，我们就应该合理利用空间来陈列货品，并通过陈列位置的调整消化库存，推广主力产品。

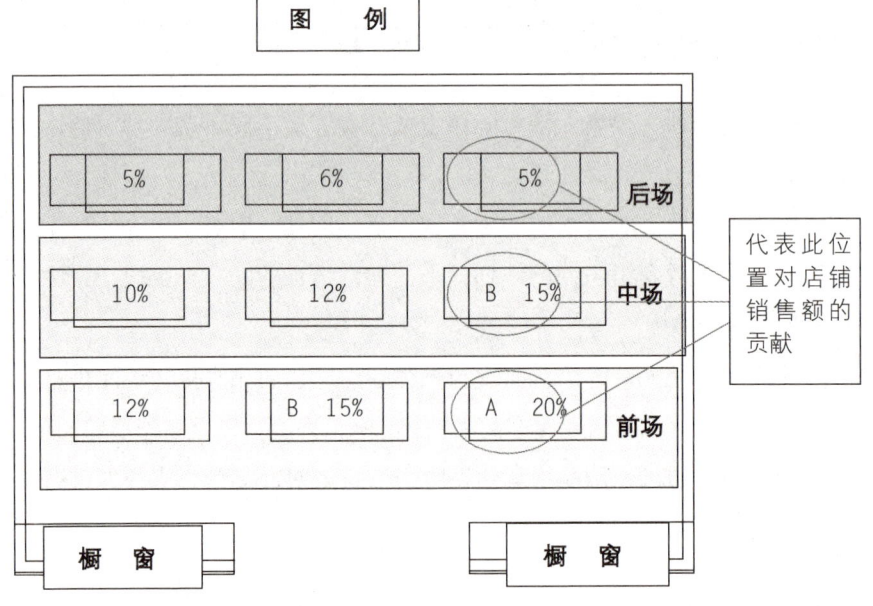

图 3-1 卖场前场、中场、后场的划分及业绩贡献图

如果再将店铺细分,将店铺前场、中场、后场分割为六个区域,统计每个地区所占的销售份额,可以看出离出入口越近,位置越好,入口右边的空间要比左边的空间更有价值。因此,利润低但回转率快的商品应当摆放在门的左边,这个位置让"带有目的顾客"一进门就能方便地取得需要的商品,帮助他们迅速完成购买。相反,利润高但流转慢的商品应当摆放在门的右边,这样可以使商品容易被"选购型顾客"看到,增加此类商品的销售机会。

如果近期订货量最大的夹克的销售不太理想,其自然成为了首推产品,应该陈列在图 3-1 所示的 A 的位置;如果该店铺次推单品西服,那么,西服就应该陈列在图 3-1 所示的 B 的位置。

2. 陈列空间销售死角测试方法

卖场除了用动线来引导顾客的行进路线外,还可以用科学的方法来找出卖场中的陈列死角,然后再通过卖场调节,让每一个角落都活起来。如图 3-2 所示,我们将卖场的空间划分为:A、B、C、D、E、F、G、H、I、J、K、L12 个空间位置,然后每天记录这些空间的销售额,通过一周或是一个月的时间累计这些位置点的销售总额,从而得出位置的平效排名,见图 3-2 所示。

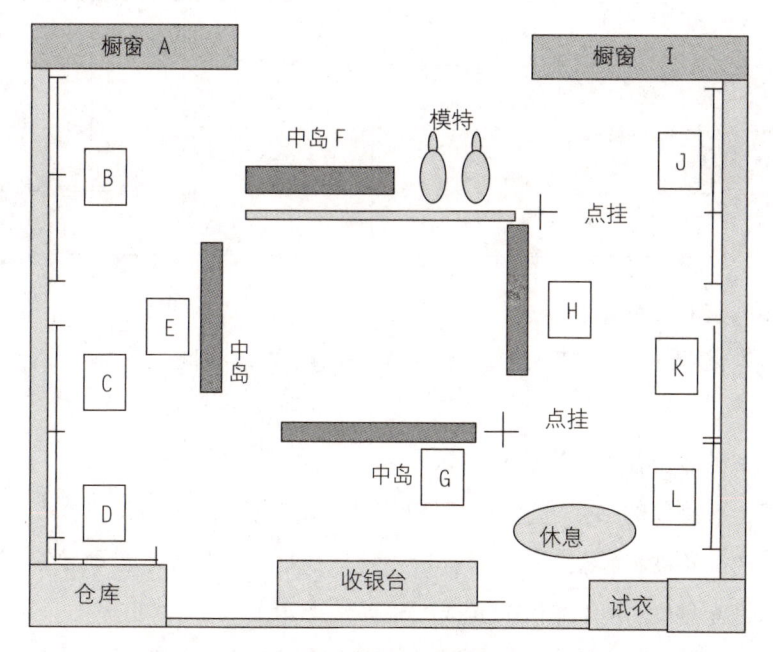

图 3-2 卖场死角测试图

店铺精细化管理

在测试的过程中，每笔销售记录都要详细记载（见表3-10），最后得出合计的销售总额。在销售排名中，销售额度大的地区为最有活力的地区，相反，销售记录低甚至无销售的地区则为死角。

表3-10 销售情况

位置	周一	周二	周三	周四	周五	周六	周日	周销售记录
A								
B								
C								
D								
E								
F								
G								
H								
I								
J								
K								
L								

测试时的注意点：

（1）测试时间不能太短，至少为一周时间，时间太短则带有太大的偶然性。

（2）不能选在促销期进行测试。

（3）对测试的结果进行分析时应从以下几个点入手：

①产品角度：结合产品进行分析，看是否是产品分配不合理导致死角。

②灯光角度：是不是因为光线太暗导致死角区。

③通路角度：分析是不是通路设计不合理阻碍了顾客到达，导致死角。

解决方案：

对于销售额差的区域点，我们应该根据分析的问题点进行改进：如果是因为商品分配不合理，那么，就需要及时调整商品结构；如果是因为光线太暗，那么，就需要加强该区域的光照；如果是通路问题无法到达，更需要及时做出调整，通过调整模特或是摆台来调整顾客的通路，让顾客最大限度地在店铺内停留，以增加顾客的购买机会。

第四章
通过培训、奖励、激励创造店铺活力

　　人员问题是各个零售企业面临的头号难题。除了人员的技能，人员的心态以及激情也是管理的重点，因为只有店铺员工端正态度、充满激情，才能创造出更大的业绩。所以，在人员要素上推进精细化管理，关键就是人员的能力提升、态度端正、情绪激昂，通过培训、奖金设计以及不同的激励手段来激发员工的激情。

本章导读

店铺育人——人才变人"财"
员工问题培训、辅导方法
让员工自动自发,设计多种奖金形式
灵活激励,多方面满足员工的需求

店铺育人——人才变人"财"

只有员工自动自发地工作，店铺绩效才能无限倍增，因为人的因素有无限可能。如何让店铺的人才变人"财"？"授之以鱼，不如授之以渔"。让员工自动自发的关键是培训，让员工从心态与技能上成长与发展。培训不是简单地传授技能，而是要传授能够解决工作中遇到问题的方法。只有这样，才能让店铺的员工不断成长，打造出一个能力不断提升的团队，使店铺立于不败之地。

1. 店铺人员晋升、职位、所需知识

下面我们先来看店铺中员工的晋升阶梯以及需要接受的培训内容，图4-1是终端店铺中岗位与对应的知识结构，即员工想从自己所处的横向轴岗位得到晋升的话，需要具备纵向轴对应的知识。

店铺精细化管理

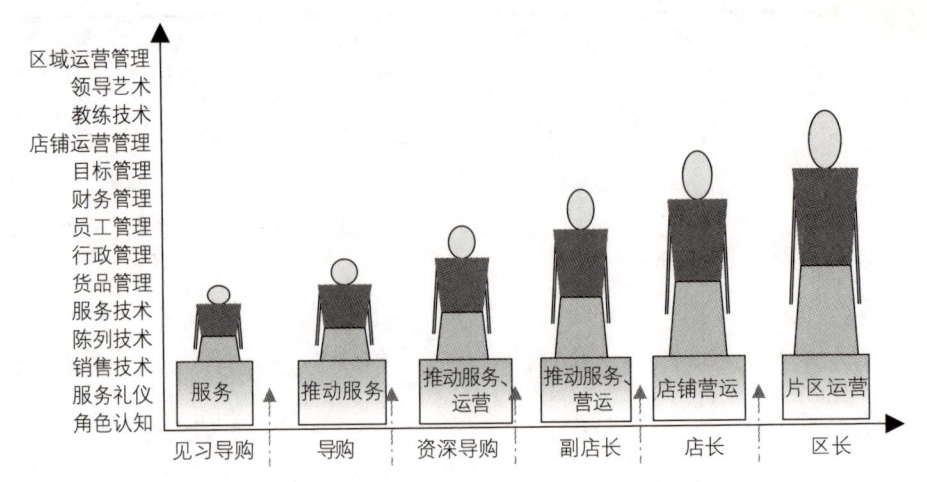

区域运营管理
领导艺术
教练技术
店铺运营管理
目标管理
财务管理
员工管理
行政管理
货品管理
服务技术
陈列技术
销售技术
服务礼仪
角色认知

服务	推动服务	推动服务、运营	推动服务、营运	店铺营运	片区运营
见习导购	导购	资深导购	副店长	店长	区长

图 4-1 店铺员工横向发展与能力结构图

2.岗位晋升条件

对应图 4-1 所列内容，我们来看导购、资深导购、副店长、店长的晋升要求，如表 4-1 所示。

第四章 通过培训、奖励、激励创造店铺活力

表4-1 店铺导购、资深导购、副店长、店长晋升表

关键项	导购	资深导购	副店长	店长
提供及推动卓越顾客服务	①清楚公司的服务要求。②能满足顾客需要，协助店铺推动对内及对外的顾客服务（例如换货时保持友善的态度，不让顾客感到尴尬）。③以客为先（例如，当顾客有需要的时候，立即放下手头上所有的工作帮助顾客）。④对每一位顾客都能保持亲切有礼的态度（例如，目光的接触、友善的笑容、主动提供帮助）。⑤主动了解顾客的需要。⑥自我激励，在没有人提点的情况下仍能将顾客服务做到最好。	①清楚公司的服务要求。②协助店铺推动对内及对外的顾客服务。③能处理一般的顾客投诉，并在事后通知上司。④以客为先（例如，当顾客有需要的时候，立即放下手头上所有的工作帮助顾客）。⑤对每一位顾客保持亲切有礼的态度（例如，目光接触、友善笑容及主动提供协助）。⑥主动了解顾客的需要。⑦自我激励，在没有人提点的情况下仍能将顾客服务做到最好。	①带动店铺内服务并能达到公司要求。②策划推动顾客服务的活动。③带动店铺推行建议式推销。④在对外及对内顾客服务表现上，能保持稳定性。⑤热爱服务，以身作则，事事以客为先。	①带动店铺服务并能达到公司的要求。②能够主动策划推动顾客服务的活动。③带动店铺推行建议式推销。④在对外以及对内的顾客服务表现上，能保持稳定性。⑤热爱服务，以身作则，事事以客为先。
推销技巧	①能根据顾客需要提供有关上下、内外的搭配，推广产品及新货的建议。②建议式推销（在不同岗位都可以主动与顾客做搭配）。③能提供专业知识（例如，清楚知道颜色、种类、尺码、价钱等）。	①能根据顾客的需要而提供有关上下、内外的搭配，以及推广产品及新货的建议。②建议式推销（在不同岗位都可以主动与顾客作搭配）。③能提供专业知识（例如，清楚知道颜色、种类、尺码、价钱等）。	主动教导店铺同事，提高销售技巧。	①主动教导店铺同事，提高销售技巧。②鼓励同事分享成功的销售技巧。
条件	①过去的6个月内有良好及稳定的工作表现。②过去的12个月未收到任何警告信（不包括失货）。	①过去的6个月内有良好及稳定的工作表现。②必须曾经与别的管辖区交流一个月。③过去的18个月未收到任何警告信（不包括失货）。	①过去的6个月内有良好及稳定的工作表现。②必须曾经与业务经理面谈。③拥有不少于6个月副店长的工作经验。④过去的24个月未收到任何警告信（不包括失货）。	
晋升提名	店长	区长	区域、区长经理	业务经理
	① 资深顾客服务员提名注意事项：每两个月提名一次，之后区域经理或以上职级会对被提名人进行为期一个月的评估。② 副店长提名注意事项：提名时间为每年的2月、6月、10月，提名之后要经过4个月的考核。③ 店长提名的注意事项：店长的提名不限期限，提名人为区长或以上级别。			

员工问题培训、辅导方法

店铺中的员工都是因为存在这样或者那样的问题，因此，在工作中总是不能让人百分百满意。对于员工存在的问题，我们首先要找到问题的症结点，然后再对症下药。下面我们逐一分析员工的培训、辅导方式。

1. 对新进员工的培训方式

对于新进员工的指导需要采用有计划的培养方式，见图 4-2 所示。从全盘工作内容上来讲，逐渐了解全盘内容，并分版块实习；从工作难度上来讲，由易到难；从工作灵活性来讲，先从固定流程模块工作开始，只要按照流程工作就不会出问题，再到有一定灵活性的工作，逐步提升。

1. 全盘了解店铺整体工作内容

工作一　　工作二　　工作三

2. 以工作难度而论

简单的工作 → 稍有难度的工作 → 难度较大的工作

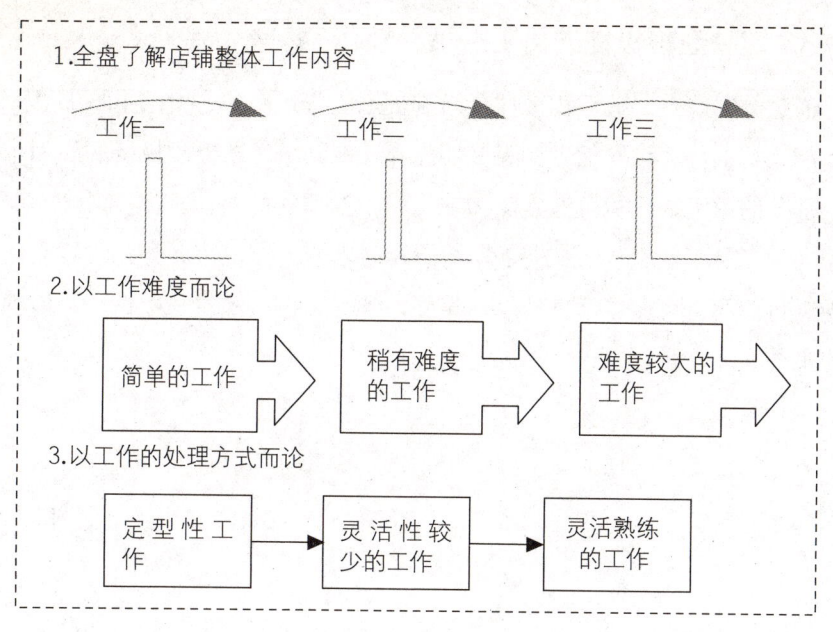

3. 以工作的处理方式而论

定型性工作 → 灵活性较少的工作 → 灵活熟练的工作

图 4-2　新员工的培训方式

2. 对忠诚、有经验、能力弱的员工的培训

此类员工忠诚，向心力强，但是，能力有限，因此，此类员工应该按照新项目的辅导方式培训。培训的步骤见图 4-3 所示。

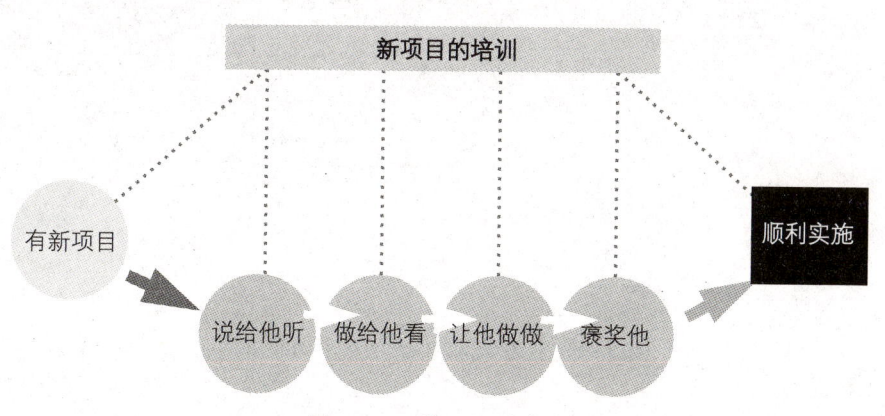

新项目的培训

有新项目 → 说给他听 → 做给他看 → 让他做做 → 褒奖他 → 顺利实施

图 4-3　员工培训步骤

3. 对缺乏积极性的员工的辅导技巧

通过数据调查，缺乏积极性是影响员工工作效率的一大杀手。那么，如何才能让员工自动自发地工作呢？首先，要找到员工缺乏积极性的原因。很大一部分的员工缺乏积极性是因为在工作中找不到价值，缺乏对工作的兴趣，对于此类型员工的教导方式是：先给予较简单的工作，让其完成，建立他的兴趣、价值后，再循序渐进地委以重任，建立兴趣，激发积极性。具体辅导流程见图4-4所示。

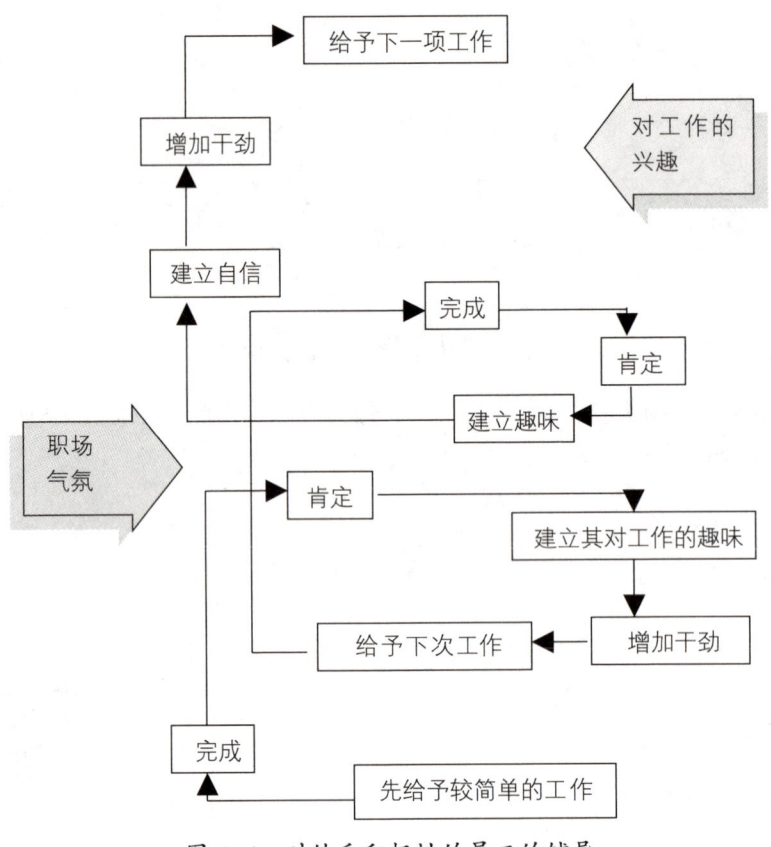

图4-4 对缺乏积极性的员工的辅导

4. 对抱怨型员工的辅导技巧

在店铺中，抱怨型的员工不在少数，即使是优秀的员工，也有发牢骚抱怨工作的时候。这个时候，店铺管理者该如何做呢？如何将员工的负面情绪降到最低，塑造一个积极向上、正能量爆棚的工作氛围呢？对抱怨型员工的辅导分为三个步骤，见图4-5所示。

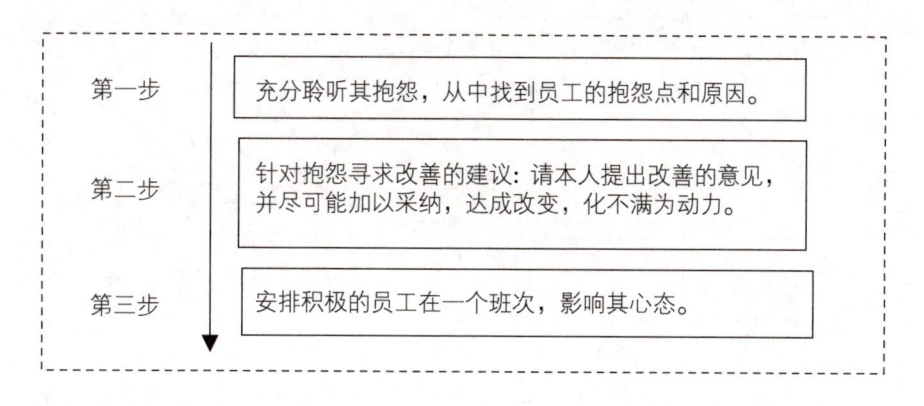

第一步　充分聆听其抱怨，从中找到员工的抱怨点和原因。

第二步　针对抱怨寻求改善的建议：请本人提出改善的意见，并尽可能加以采纳，达成改变，化不满为动力。

第三步　安排积极的员工在一个班次，影响其心态。

图4-5　对抱怨型员工的辅导流程

5. 对说"做不到"的员工的辅导技巧

我们在店铺中一定会遇到这样的情况：当管理者分配任务给员工时，员工却说："这个工作我做不了，该怎么办？"遇到这样的回答，管理者真会头疼，一方面工作需要去完成，而另一方面，员工的能力却跟不上。遇到这样的问题，店铺管理者需要掌握对员工的辅导技巧，先将完成工作所需要的因素一一列出，找出员工在此事项上所遇到的困难，然后针对问题加以指导与协助，具体流程见图4-6所示。

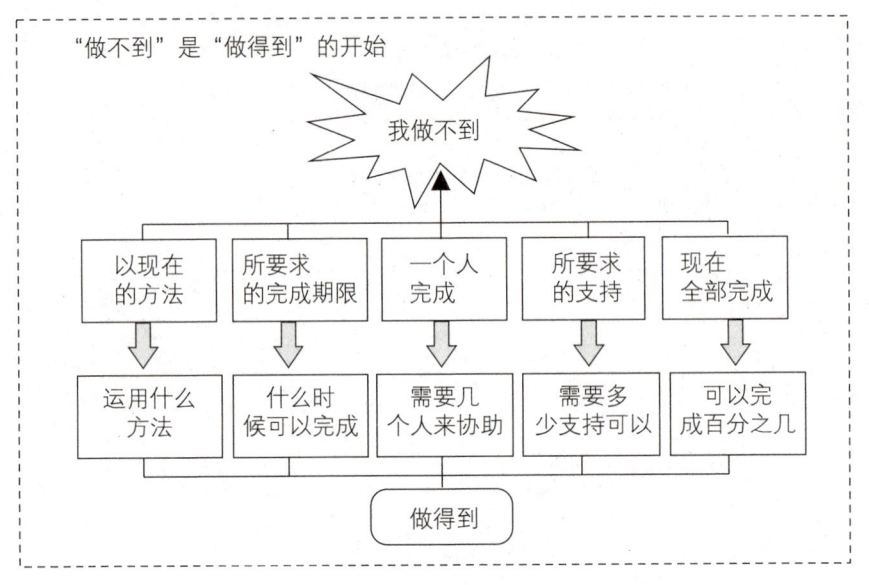

图 4-6 辅导"做不到"型员工的技巧

让员工自动自发，设计多种奖金形式

在店铺的经营过程中，为了提高员工的积极性，增加店铺商品的销售量，很多店铺经营者在员工薪酬发放的时候引入了"奖金"的概念。奖金是支付给员工的超额劳动报酬和增收节支的劳动报酬。总而言之，奖金是表彰员工工作出色而支付的薪酬。很显然，奖金的激励作用非常明显。只要店铺经营者能控制好奖金的量、使用好奖金的方式，店铺经营的提高就不是问题。

那么，在店铺营销的过程当中，有哪些奖金的形式是必需的？有哪些奖金的形式可以借鉴，而且对带动店铺业绩有帮助的呢？综合起来，主要有下面几种：

1. 单日销售纪录突破奖

每个店铺在营销的过程中都会有单日销售纪录，这种记录就好比是吉尼

店铺精细化管理

斯纪录或者奥运会纪录一样，成为一个目标，吸引人们去突破、去刷新纪录。这种纪录本身就具备一种刺激员工努力工作、突破极限的作用。如果店铺经营者能设立这样一种奖项，从正面的角度引导员工把更多的精力、时间放在挑战自己的能力上面，从而调动其他员工的积极性，店铺的销售业绩就能节节攀升。我们来看一个案例。

李明经营一家家具店，因为地处黄金地段，一直以来生意都很不错。可是，李明在一次考察的过程当中惊讶地发现，一家面积和自己店铺面积相差不大的店铺，经营和自己类似的家具，但是，每天的营业额却是自己的两倍……

这个消息让李明感受到了压力，为什么同样大小的店铺、销售同样的商品，每天的营业额能相差两倍呢？李明认为自己店铺的销售情况很好，却不知道山外有山、人外有人啊！

惊讶之余的李明最想知道的就是这个店铺是如何做到这一点的，员工是如何促进自己的交易率的。经过旁敲侧击，李明了解到了其中的缘由：原来这个店铺的员工都争着刷新一个销售纪录：在一天时间里，做成5万元的生意。这个纪录是店铺老板自己创造的。该店铺的员工告诉李明，只要有人突破了这个纪录，就能获得一大笔的奖金（奖金是这一天纯利润的50%）。举个例子，如果哪个员工一天做成了6万元的生意，那么，他就能获得这6万元商品当中纯利润的50%。很显然，这利润是相当可观的，对员工的吸引力也是相当明显的。

最后，这家店铺的老板告诉李明，别小看这个单日销售纪录奖，它将会大大激励员工的销售积极性，一旦员工的积极性被调动起来，那么，店铺的销售将会大大改观……

回到自己的店铺后，李明也开始琢磨起这件事情，准备在自己的店铺也实行"单日销售纪录突破奖"。几天之后，规则制定出来了，并且在征得员工的同意下，很快开始实施了。

效果很快就出来了：店铺的销售业绩节节攀升，员工的各种潜能都被发挥了出来，甚至还出现了员工之间暗暗竞争的情况。看着这些改变，李明心里乐开了花。果然一个月下来，店铺的销售业绩是原先的两倍。

李明的家具店为什么每月的销售业绩是原先的两倍？答案是员工的积极

性得到了提高。那么，再问一句：为什么员工的积极性能在短时间里得到提高呢？答案是员工有了自己的目标，并且这种目标是和他们自己的经济利益联系在一起的，不仅让他们找到了方向，也让他们具备了工作动力。自然而然，业绩就能获得提高。

实施单日销售纪录突破奖的目的就是激励，那么，在实行这种奖项的时候有什么要求、注意点呢？主要有以下几个方面：

第一：当日性。我们都知道，任何事情对于人的激励性都是暂时性的，无论是鼓励还是奖金，这种激励如果不在行为完成后短时间里释放出来，激励作用就会下降或消失，甚至还会起到反面的效果。试想，"单日销售纪录突破奖"没有在当天发放，而是等到年末再发放，那么，它对于员工的正面刺激作用还会那么明显吗？显然是没有。所以，"单日销售纪录突破奖"应该在当日发。

第二：当面性。发放"单日销售纪录突破奖"的时候一定要当着全体员工的面进行，这样，获得这种荣誉的员工的虚荣心才会得到满足。试想，你在众目睽睽之下，把一沓厚厚的奖金亲自送到员工手里，这对其他员工的激励作用不言而喻。

当然，这种奖项也是有利有弊的，如果处理不好其中的关系，同样不能对店铺销售起到关键性的作用。那么，利弊在何方呢？我们不妨分开来看。

有利的方面：

①能激励员工。这种奖项最大的好处就是能在短时间里激励员工努力工作，这种激励效果是其他的奖金方式很难达到的。就凭这一点，这种奖金方式就应该被大力推广。

②提高店铺的销售。很显然，一旦员工的积极性被调动起来，店铺的销售情况就能得到改善。从某种程度上来说，提高店铺的销售是最主要的目的，只不过是通过调动员工积极性的方式来进行。

③推动员工提高销售技能。谁都想获得这个奖金，但是，并不是谁都能得到它，只有那些努力工作、努力提高自己销售技能的人才能最终得到它。这也从侧面要求员工去提高自己的销售技能，从而提高自己的销售业绩。

不利的一面：

①容易引起内耗。一旦员工把所有的注意力都集中到拿奖金上面，就会出现"抢顾客"、"内部竞争"、"互相掣肘"等内耗现象，这对于店铺的销售来说是相当不利的，因此，店铺在制定此奖之时就应该做好相应的内部管理制度。

②抢夺利益，责任推诿。举个很简单的例子，如果一个顾客走进你的店铺，你的员工很可能会去抢夺客户，特别是面对一些大客户的时候，这种抢夺的场面就更加"壮观"，甚至还可能"吓走"顾客。可是，一旦出现失误、错误、需要承担责任的时候，就会出现互相推诿的情况。

总之，要实行这种奖金的发放模式，必须做好各方面的衡量，杜绝一些不利现象的出现，这样才能切实提高店铺的经营能力和销售业绩。

2. 季度销售冠军奖

所谓季度销售冠军奖是指以季度为统计单位而得出的业绩最高者，并且专门为此而设计的奖项。和"当日销售纪录突破奖"不同，这种奖项讲究的是时段性，即"当日销售纪录突破奖"仅仅是对一个纪录的突破，它的时间段始终只是一天，而"季度销售冠军奖"的时间段是一个季度。

很多店铺经营者都觉得这仅仅是时间段的增长，其实并没有什么特别之处。其实不然，"季度销售冠军奖"自有它自己的妙处。

（1）"季度销售冠军奖"该如何发放

要想知道奖金该如何发放，店铺经营者就应该考虑一个问题：奖金发放的目的是什么。店铺发放季度销售冠军奖是为了给员工一些经济回报，还是为了通过发放奖金激励员工呢？如果是前者，那么，就应该采用"暗发"的形式，即不要在大庭广众之下发放奖金，这样会有招摇之嫌，对员工来说，他们也是不喜欢的。如果是想通过奖金的形式来激励员工、激发员工的积极性，那么，就应该采用"明发"的形式，即发放奖金的时候最好让其他员工看到，只有其他员工看到了，才能起到"刺激"作用。当然，店铺经营者可以在季度销售表彰大会上将奖金发放给你的员工。既表彰了得奖的员工，也顺便激起了其他员工的"兴趣"和"斗志"。

（2）"季度销售冠军奖"的利弊

任何一项奖金制度的设立都会存在着利弊，"季度销售冠军奖"也不例外。那么，其利弊到底是什么呢？我们不妨来分析一下：

有利的方面：

①能够稳定员工，保持店铺团队的稳定。

②能够激励员工，提高店铺的销售。

不利的方面：

①容易引起员工之间的竞争，产生内耗。

②为了利益而竞争，导致内部不稳定，互相推诿责任。

③时间太长，员工耐心不够，积极性受到削减。

总之，"季度销售冠军"的奖金制度在一定程度上能帮助店铺提高销售成绩，改善店铺的经营状况。如果店铺经营者能根据自己店铺的实际，合理地使用这种奖金制度，激发员工的积极性，挖掘员工的潜力，就会让员工最大程度地为店铺的销售贡献自己的力量。因此，店铺在发放奖金的时候一定要做到痛快、足额，一旦你显得小气，你的员工也就失去了兴趣，那么，奖金也就失去意义了。

3. 年度销售冠军奖

年度销售冠军奖，顾名思义是以年度为统计单位而得出的业绩最高者，并且专门为此而设计的奖项。从奖项本身来看，和"季度销售冠军奖"并没有什么差别，除了一个是季度，一个是年度。但是，从奖项的本质和所适用的店铺等其他内在的要素来看，这两者之间的差别还是很大的。

这种奖金形式到底适合什么样的店铺？适合什么样的发放形式？有什么利弊呢？我们对此一一进行分析：

（1）"年度销售冠军奖"适合什么样的店铺

既然是"年度销售冠军奖"，那么，店铺的经营时间必须超过一年，这也就意味着新开的店铺或者开业时间还没有达到一年时间的店铺就不适合这种奖金分配模式。同样，"年度销售冠军奖"的目的是为了留住员工，并且激发员工的积极性。从这一点来看，这种奖金模式比较适合于那些有老员工存在的店铺。

和"季度销售冠军奖"对店铺的要求一样，"年度销售冠军奖"对店铺同样有一个要求：产品或者服务面对大众，而不是其中的一小部分。所以，员工的潜力、积极性最终能变成实际的销售业绩。

（2）"年度销售冠军奖"该如何发放

"年度销售冠军奖"和"季度销售冠军奖"一样，都具备留住员工、激励员工、提高店铺销售业绩的作用。所以，这种奖金形式也适合"明发"，特别是在发年终奖的时候一起发放给员工，那么，所起到的效果是可想而知的。

当然，在此要注意一点，店铺经营者不要将年度销售冠军奖和年度奖金混淆在一起，这两者是不同的。顾名思义，冠军奖只能有一个员工获得，而年度奖金则是每个员工都可以获得的。因此，年度冠军奖是在年终奖的基础上另设的一个鼓励员工突破的奖励。一旦将这两者混为一谈，不仅不能达到激励的作用，还会因此而打击员工的积极性，甚至还会变相地"赶走"员工。因为你的员工已经对你乃至对你的店铺失望了。

（3）"年度销售冠军奖"的利弊

任何店铺使用任何一种奖金形式都不可能是完美的、不出现任何弊端的，包括"年度销售冠军奖"的形式在内，也是有优势和弊端的。那么，优势和弊端都是什么呢？我们不妨分析一下：

有利的方面：

①重新激发老员工的积极性，尽最大可能挖掘员工的销售潜力。对于新员工来说，刚开始的时候他们都是满怀激情的。但是，对于老员工来说，在日久天长的销售过程中，可能因为挫折、困难，他们的销售激情、潜力已经被打磨得差不多了，所以，需要以奖金的形式来激发一下。

②尽可能地留住员工的心。既然是年度销售冠军奖金，那么，只有等到一年下来进行业绩统计之后才能角逐出最后的胜负。这也就给店铺经营者一年的时间来留住员工，对于很多店铺来说，这一点是非常宝贵的。

不利的方面：

①时间太长，员工的积极性容易被磨灭。要想获得这个奖金，员工必须连续奋斗一年的时间，或许刚开始的几个月时间里，员工还能被它所吸引，

一旦时间长了之后，这种吸引力就会降低，乃至消失。要想让员工对年度销售冠军的奖金产生兴趣，必须做到一点——奖金丰厚，并且时常鼓励员工去争取，否则，员工很可能会"忘记"还有这么一回事，那么，也就违背了设立奖金的初衷了。

②落选的员工会产生心理落差。冠军奖只能是奖给销售冠军的，但是，对于那些没有获得这个奖金的员工来说，他们也努力工作过了，最终却没有得到应有的回报，他们出现心理落差是难免的。如果店铺经营者没有在其他方面给予他们一些补偿，任由这种落差越来越大，很可能产生不良的影响。

总之，年度销售冠军奖金的方式有利有弊，店铺经营者只有合理利用其中有利的部分，避开弊端，才能真正提高店铺的销量，改善店铺的经营状况。

4. 库存或滞销产品的销售提成奖

这个奖项的设置对店铺销货库存起到至关重要的作用。面对店铺的库存、滞销产品，店铺经营者如何进行"促销"活动呢？很多人曾经想过很多办法，例如，降价销售、礼品赠送、买二送一等，这些方法能取得短期的效果，却不能真正从根本上解决库存问题，即便暂时解决了一两种商品的库存问题，还会有其他商品的库存让店铺经营者烦恼不已。

那么，真正的办法是什么呢？一切还得"以人为本"。即从店铺的员工着手，通过刺激员工的积极性来扩大店铺商品的销售量。如何才能刺激员工的积极性呢？很多店铺经营者想出了一个办法：给员工提成，即库存或者滞销产品的销售提成奖。我们来看一个案例。

足辉鞋子卖场是专营各种品牌鞋的店铺，在老板邱小姐的苦心经营下，店铺的生意红红火火，可是，没想到有件事情却让店铺的销售陷入了低谷。究竟怎么回事呢？事情还得从邱小姐的一次温州之行说起。

为了能让自己的店铺进到便宜、好卖的商品，邱小姐不止一次地往返于温州和自己所在的城市之间，寻找物美价廉的鞋充实自己店铺的库房。一个月前，邱小姐再次到温州商城去进货，在闲逛期间，她发现有一种鞋款式非常好，做工也精细，价格也不算贵，于是，邱小姐临时决定，改变自己的进货计划，将这种鞋当成自己店铺下一个季度的主打产品。

货物是进回来了，但是，让邱小姐没有想到的是，新款式的鞋上市之后，并没有出现自己心目中的轰动效应，相反，因为市场流行的鞋的款式和自己主打的这种鞋的款式相差甚远，所以，很少有顾客前来问津自己的商品。

"这可不好，投资失败了！"邱小姐首先想到的就是这句话，"可是，如果这些鞋卖不出去，那么，自己店铺的资金就回笼不了，资金链就会脱节，甚至连员工的工资都发不出去了，这可如何是好啊？"

就在邱小姐寻找对策的时候，店铺的生意越来越冷清，库存开始变得严重，很多员工都做好了跳槽的准备。平常足智多谋的邱小姐现在竟然不知道该如何是好。后来在朋友的提醒之下，她想起了一个好办法：鼓励员工销售这些库存商品，并且按一定比例进行提成。即员工卖出了库存商品，不仅能照常获得工资，还能获得相应的提成。这样的好事立刻让员工来了兴趣，他们纷纷摩拳擦掌，投入到新的"战斗"中去。

在接下来的一个月的时间里，店铺里的员工犹如八仙过海，各显神通，纷纷拿出了自己的看家本领来销售库存商品。果然，在这一个月的时间里，库存的商品竟然销售出了将近40%，只要再接再厉，在接下来的一个月时间里，库存商品就能全部销售完。

可是，在结算提成的时候，员工却和邱小姐产生了矛盾：邱小姐觉得员工应该在这些库存商品的纯利润中提成10%，而员工则觉得应该在全部的销售额中提成10%。提取的部分不一样，获得的金钱也是相差很多的。

这件事情没有解决好，员工的积极性受到了极大的打击，他们不再忠于足辉店铺，甚至又动起了跳槽的念头。苦恼的邱小姐不知道如何是好，眼看着店铺的销售一天一天走入低谷。

在案例中，邱小姐的店铺之所以会陷入现在这个困境，最主要的问题还是没有设计好库存或者滞销产品的销售提成方式。员工对她所提出的提成方式不满意，最后导致怠工、跳槽事件的发生。

那么，库存或者滞销商品的销售该如何提成，其中又有什么需要注意的地方呢？概括起来，主要有以下三个方面的内容：

（1）确定每个产品的提成指标

所谓提成指标是指员工销售哪些产品可以获得提成。以案例中的足辉店铺为例，员工只有销售指定库存产品、滞销产品才能获得相应的提成，而销售畅销产品、其他产品则不能获得相应的提成。

很多店铺经营者在销售库存、滞销产品之前没有制定相应的产品提成标准，使得最终店铺经营者和员工之间产生了误会和隔阂，造成店铺销售的障碍。比如，店铺经营者的原意是只有销售了库存的A商品才能获得提成，而员工则认为只要是销售了仓库里的商品就能获得提成，这两者之间的意思是不一样的，当然，提成指标也不一样。

（2）确定提成方式

所谓提成方式是指销售了库存产品之后以什么样的方式提成。这种提成方式有很多，比如，从纯利润中提成、从全部销售额中提成、计件提成、业绩提成等。在实行这种制度之前，一定要和员工说清楚到底是哪一种提成方式。

案例中的邱小姐和员工正是因为提成方式的不确定而最终产生矛盾。很显然，一旦店铺经营者和员工之间产生了矛盾，店铺的经营就会受到影响。

（3）确定提成比例

提成比例的多少将直接决定员工能获得多少额外的收入，也就是说，比例的多少将直接影响员工的经济收入。所以，在这个问题上，无论是店铺经营者还是员工，对此都会比较敏感。这也从侧面告诉了店铺经营者一点：在比例的问题上一定要明确表示，否则到最后可能会出现扯皮现象。

员工销售库存滞销产品是一种拯救店铺的行为，店铺经营者应该"知恩图报"，在提成方式的设计上不能斤斤计较，这样员工才会真心诚意地为你所用。记住一点：如果没有你的员工，你的这些产品最终只是废物一堆，而不是花花绿绿的钞票。

灵活激励，多方面满足员工的需求

什么是激励呢？它本身是心理学的一个术语，是指激发人的行为的心理过程。但激励这个概念用于管理，是指激发员工的工作动机，也就是说用各种有效的方法调动员工的积极性和创造性，使员工努力去完成任务，实现目标。

店铺实行激励机制的根本目的是正确地诱导员工的工作动机，使他们在实现店铺目标的同时实现自身的需要，增加其满意度，从而使他们的积极性和创造性继续保持和发扬下去。因此，也可以说激励机制运用得好坏在一定程度上是决定店铺兴衰的一个重要因素。

店铺的发展离不开员工，员工是店铺的财富。在店铺管理中，管理者只有充分调动员工的创造力和积极性，使员工真正融入到店铺中，才能发挥其最大的价值。因此，店铺一定要重视对员工的激励，并建立完善的激励机制。

那么，作为店铺负责人，如何才能激活团队的战斗力？

优秀的零售企业纷纷建立了系统的激励机制，通过各种行之有效的激励手段与方法，把激励的手段和目的结合起来，改变思维模式，真正建立起适应店铺特色、时代特点和员工需求的开放的激励体系，使他们的店铺在激烈的市场竞争中立于不败之地。

具体地说，这些有效激励的主要方法如下：

1. 物质激励 + 精神激励

物质激励是指通过物质刺激的手段，激发员工工作的积极性。它的主要表现形式有正激励和负激励两种，正激励如发放工资、奖金、津贴、福利等，而负激励如罚款等。

物质需要是人类的第一需要。所以，物质激励是激励的主要模式，也是目前各店铺内部普遍使用的一种激励模式。但是，也不能一味地认为只要奖金发足了就能调动员工的积极性。我们稍微注意就会发现，在实践中，不少店铺在使用物质激励的过程中，耗费不少，而预期的目的并未达到，职工的积极性不高，反倒贻误了店铺发展的契机。例如，有些店铺在物质激励中为了避免矛盾，实行不偏不倚的原则，这种平均主义的分配方法其实非常不利于培养员工的创新精神，反而会极大地抹杀了员工的积极性。

事实上，人类不但有物质上的需要，更有精神方面的需要。店铺单用物质激励不一定能起作用，必须把物质激励和精神激励结合起来才能真正地调动广大员工的积极性。

要做到这二者的结合，就要注意以下几个方面：

（1）创建适合自己店铺特点的店铺文化

管理在一定程度上就是用一定的文化塑造人，店铺文化是人力资源管理中的一个重要机制，只有当店铺文化能够真正融入每个员工个人的价值观时，他们才能把店铺的目标当成自己的奋斗目标，因此，用员工认可的文化来管理，可以为店铺的长远发展提供动力。

（2）制定精确、公平的激励机制

激励制度首先体现公平的原则，要在广泛征求员工意见的基础上出台一套大多数人认可的制度，并且把这个制度公布出来，在激励中严格按制度执行并长期坚持；其次，要和考核制度结合起来，这样能激发员工的竞争意识，使这种外部的推动力量转化成一种自我努力工作的动力，充分发挥员工的潜能；再次，在制定制度时要体现科学性，也就是做到工作细化，必须系统地分析、搜集与激励有关的信息，全面了解员工的需求和工作业绩的好坏，根据情况的改变制定出相应的政策。

2. 个体差别激励法

影响员工工作积极性的主要因素有：工作性质、领导行为、个人发展、人际关系、报酬福利和工作环境，而且，这些因素对于不同店铺所产生的影响也不同。因此，店铺要根据不同的类型和特点制定激励制度，而且，在制定激励机制时一定要考虑到个体差异。例如，女性导购相对而言对报酬更为看重，而男性则更注重店铺和自身的发展；在年龄方面也有差异，一般20～30岁的导购自主意识比较强，对工作条件等各方面要求的比较高，因此，"跳槽"现象较为严重；而31～45岁的导购则因为家庭等原因比较安于现状，相对而言比较稳定；在文化方面，有较高学历的人一般更注重自我价值的实现，包括物质利益方面的，但他们更看重的是精神方面的满足，例如工作环境、工作兴趣、工作条件等，这是因为他们在基本需求能够得到保障的基础上而追求精神层次的满足，而学历相对较低的人则首要注重的是基本需求的满足；在职务方面，店长等管理人员和一般员工之间的需求也有不同，因此，店铺在制定激励机制时一定要考虑到店铺的特点和员工的个体差异，这样才能收到最大的激励效果。

3. 信任激励法

店铺的运行必须以人与人的基本信任做润滑剂，不然，店铺就无法正常、有序地运转。信任是加速人的自信力爆发的催化剂，自信比努力更为重要。

信任激励是一种基本激励方式。同事之间、上下级之间的相互信任是一种强大的精神力量，它有助于人与人之间的和谐共振，有助于店铺团队精神和凝聚力的形成。

管理者对员工的信任体现在相信员工、依靠员工、发扬员工的主人翁精神上，体现在平等待人、尊重员工的劳动、职权和意见上，体现在"用人不疑，疑人不用"上，而且还体现在放权上。只有信任员工，才能最大限度地发挥员工的主观能动性和创造性。有时，他们甚至还可超水平发挥，取得自己都不敢相信的成绩。

4. 知识激励法

知识激励是店铺人才管理的一个重要原则。随着知识更新速度的不断加快，员工已有的知识不足和老化现象也日益突出，这就需要员工一方面在实践中不断丰富和积累知识，另一方面也要不断加强学习，树立"终身学习"的思想，变"一时一地"的学习，为"随时随地"的学习。

对店铺一般员工可采取自学和加强职业培训的力度，使其不断提高自己的知识水平等，使其成为复合型人才，适应店铺对人才素质的要求。

5. 情感激励法

管理者应在不断地满足员工日益增长的物质文化需求的同时，多关心员工的生活，尤其是关心他们的精神生活和心理健康。对于他们在事业上的挫折、在感情上的波折、在家庭上的裂痕等要给予及时解决和疏导，以建立起正常、良好、健康的人际关系，营造出一种相互信任、相互关心、相互体谅、相互支持、互敬互爱、团结融洽的店铺氛围，增强员工对店铺的归属感。

6. 目标激励法

目标具有引发、导向和激励的作用。在目标激励的过程中，要正确处理大目标与小目标、个体目标与店铺目标、理想与现实、原则性与灵活性的关系。在目标考核和评价上，要按照德、能、勤、绩的标准对员工进行全面综合考察，定性、定量、定级，做到"刚性"规范，奖罚分明。

7. 变惩罚为激励法

店铺在管理员工时往往会遇到这样一个难题：是以激励为主，还是以惩处为主？事实上，在具体的操作中往往是二者并用，做到赏罚分明，激励和惩罚并用。问题是有的管理者在管理中不善于惩罚，只善于激励，而有的管理者只善于惩罚，而不善于激励。尤其具体到一件事情当中，比如员工犯错误时就只有惩罚，似乎不惩罚不能起到杀一儆百的作用，不惩罚就不能体现规章制度的严肃性，不惩罚就不能显示管理者的威严。

惩罚是应该的。但是，我这里讲的是当员工犯错误时，不只有惩罚，还可变惩罚为激励，运用惩罚的手段达到激励和奖励的目的，甚至可以达到单纯奖励所不能达到的目的。这就是惩罚的艺术性、管理的艺术性，变惩罚为激励、鼓舞，让员工在接受惩罚时怀着感激之情，进而达到激励的目的。

下面这个案例很具有代表性：

李先生是一家零售公司的老总，当总公司决定重新制作对导购的处罚单的时候，他就一直考虑如何设计这个处罚单。当他在原有的基础上把有关项目及形式做了合理改进，准备复印时，他在想能否加上一句话，以达到减弱处罚在员工心理上造成的负面影响。李先生在认真思考之后，在处罚单上写了一句话，"纠错是为了更好地正确前行"。而且，还把单子的台头"处罚单"三字改为"改进单"。

这个处罚单印出来之后，所有的导购都说李先生加的这句话妙、好。以往所有的处罚单都是清一色的严肃的面孔，一句多余的话都没有。而李先生把它加上了人情味、文化味、教育性、启迪性非常强的一句话，处罚单的面孔立即由严肃、冷酷、无情变得慈祥和充满着希望。当导购接到处罚的时候，看到了这句话，心理上会发生一系列的变化，由本能的反感、抵触、反抗到理解、认知、接受、改进错误。

在处罚单上做小小的改进，面目大为改观、境界迥然，这就是处罚的艺术，这就是店铺文化。处罚本是反面的教育，这样就变成了正面教育，鼓励员工改进错误，激励员工向正确的方向前行。

从以上这个案例中可以看出，处罚决不单单是冷酷无情的，只要大胆创新，处罚完全可以变得和正面的表扬一样激励人，甚至比正面的表扬奖励还要积极、有效。

8. 赞扬激励法

马克·吐温说："得到一次赞扬，我可以多活两个月。"公开表扬是用来鼓舞一个人的热情，提高他们积极性的强有力的方法。如果管理者能够充分运用赞扬来表达自己对员工的关心和信任，就能有效地提高员工的工作效率。然而，并非每个管理者都懂得赞扬下属。有些管理者虽然知道赞扬下属的重要性，却没有掌握赞扬的技巧，有时甚至弄巧成拙。以下是管理者在赞扬员工时应注意的几个问题：

（1）让赞扬更具隐蔽性

当着员工的面赞扬他并非是最好的方法，有时这会让员工怀疑管理者赞扬的动机和目的。比如员工可能会想"是不是自己做错了什么,他在安慰我，在为我打气"。

增加赞扬的隐蔽性，让不相干的"第三方"将管理者的赞扬传递到他那里，可能会收到更好的效果。管理者可以在与其他人交谈时，不经意地赞扬自己的某个员工。当这名员工从别人那里听到了上级对他的赞扬时，会感到这些赞扬的话更加的真诚和可信。

（2）赞扬具体的事情

赞扬下属具体的工作，要比笼统地赞扬他的能力更加有效。

首先，被赞扬的下属会清楚是因为什么事情使自己得到了赞扬，下属会由于管理者的赞扬而把这件事做得更好。

其次，不会使其他下属产生嫉妒的心理。如果其他的下属不知道这位下属被赞扬的具体原因，会觉得自己得到了不公平的待遇，甚至会产生抱怨。

赞扬具体的事情，会使其他下属以这件事情为榜样，努力做好自己的工作。

（3）赞扬应发自内心

不要为了赞扬而赞扬，赞扬应该发自管理者的内心。

如果下属感觉到管理者是在故意赞扬，有可能会产生逆反心理，甚至会认为管理者是虚伪的。另外，赞扬也不应该在布置工作任务时进行，这样也会让下属感觉管理者的赞扬并非发自内心。

（4）赞扬工作结果，而非工作过程

当一件工作彻底结束之后，管理者可以对这件工作的完成情况进行赞扬。但是，如果一件工作还没有完成，仅仅是你对下属的工作态度或工作方式感到满意，就进行赞扬，可能不会收到很好的效果。这种基于工作过程的赞扬，会增加下属的压力，他会想"如果不能很好地完成任务怎么办？那该让管理者多么失望和没有面子"。如果下属长期处在这种心理压力之下，久而久之，会对管理者的赞扬产生条件反射式的反感。这种赞扬很可能会成为管理者对下属的"折磨"。

（5）赞扬特性，而非共性

赞扬一位下属，一定要注意赞扬这位下属所独自具有的那部分特性。如果管理者赞扬的是所有下属都具有的能力或都完成的事情，这种赞扬会让被赞扬的下属感到不自在，也会引起其他下属的强烈反感。

图书在版编目（CIP）数据

店铺精细化管理 / 余杰奇, 黄东丹著. -- 北京：企业管理出版社, 2016.12

ISBN 978-7-5164-1306-7

Ⅰ. ①店… Ⅱ. ①余… ②黄… Ⅲ. ①商店—商业经营 Ⅳ. ① F717

中国版本图书馆 CIP 数据核字 (2016) 第 158708 号

书　　名：	店铺精细化管理
作　　者：	余杰奇　黄东丹
责任编辑：	宋可力
书　　号：	ISBN 978-7-5164-1306-7
出版发行：	企业管理出版社
地　　址：	北京市海淀区紫竹院南路17号　邮编：100048
网　　址：	http://www.emph.cn
电　　话：	编辑部（010）68416775　总编室（010）68701719
	发行部（010）68701816
电子信箱：	qygl002@sina.com
印　　刷：	中煤（北京）印务有限公司
经　　销：	新华书店
规　　格：	710mm×1000mm　1/16　10.5印张　161千字
版　　次：	2016年12月第1版　2016年12月第1次印刷
定　　价：	39.80元

版权所有　翻印必究·印装有误　负责调换